繊細で敏感な
女神《めがみ》たちへ

マザーヒーリング愛の泉
吉野　聖子

知道出版

はじめに

２０１４年に『女神として輝くための8章』を出版させていただいたところ、実にたくさんの方から感想やご意見をいただき、大変感謝しております。ありがとうございました。

その際、ある読者の方からこんな感想をいただきました。

「これは三部作ですね」

どのように読み取られたのかわかりませんが、私としては、あと二冊書くことになるのかしらと暗示のように受け止めました。

そんな言葉を胸に、翌２０１５年の幕開けを迎えました。

実は、年明け早々に、次々と不思議なことが起こりました。いえ、それは出版直後の２０１４年10月に、アメリカのパワースポットであるセドナを訪れたときからその不思議な流れは始まっていたのかもしれません。

当初は、〝インディゴチルドレン〟に特化して書きたいと思っており、編集の人とも何度か打ち合わせをしていました。それが、２０１５年になって新しい流れに沿って進んでいくにつれて、私本来の繊細で敏感すぎることから来る、混乱しながらも懸命に生きてきた人生そのものの総決算とも言える、〝エンパス〟と〝インディゴチルドレン〟という特殊性が相まったものが浮き上がってきたのです。

さらに、私自身のオリジナルな世界観が浮かび上がってくるのも感じました。そして、これを表現したい、と強く思い始めました。

その予兆は、さらに数年前から始まっていたようなのですが、まだはっきりと具体性を持ってはいませんでした。ですので、これから読んでいただく本書の内容は、私が何年かかけて探究してきた私なりの霊的世界の解釈と言えると思います。

この厄介とも言える繊細さ、敏感さ、報われない純粋さを持ち合わせた人たちが、この世界でその能力をどう活かすか、ということが私自身を含めて最大のテーマとなっています。

今年になり、以前から取り組んできた、「エンパス」「インディゴチルドレン」「女性性」をテーマにした新しいヒーリングを開発しました。

私の活動に賛同してくださった、クライアントさんたちとの共同作業により、そのヒーリングからたくさんの貴重な情報を受け取ることができました。

女性性に関する深い魂からの情報、男性性と女性性を統合すること、過去世から持ち越している癒されていない子供の魂など、現在抱えている問題を解く重要なキーワードが次々と現れてきました。そして、それを受け取りながら私自身の内的・霊的感性が磨かれていくのを感じるとともに、サポートされていることを強く実感することができました。

そんなことから、今回、再度、女神として生きることを目指す女性たちの魂の癒し、人生の質を上げることをサポートすることができればという想いで、さまざまな状況が落着いてきた8月末から、約一か月間で一気に集中して書き上げることができたのです。

多くの女性は、愛する人たちと平和な世界で幸せに暮らしていきたい、ただそれだけを望んでいます。愛し愛され、そのことから努力した分だけ報われたいのです。

そんな多くの女性の願いを私はひしひしと感じ、そして、それに共感してくださった方たちと共に創ったともいえるこの本を、ぜひ読んでいただきたいと願っています。そして心を共にして、これまでとこれからの努力が報われるような活動に活かしていただきたいと思います。

あなたの大切な人をより愛するために、愛する人たちとより幸せになれるように、そんな私の願いもこの本には込められています。

普段の私のブログには、おもに日々の出来事や気づきを綴っています。ブログという性質上、それはどうしても細切れになり、その時々の慰めのようにはなりますが、それだけではどうしても言い尽くせないこともあります。

ブログの読者の方々やクライアントさんのためにも、日々の気付け薬のようなものではなく、もっと深く理解していただくことが急務だと感じて本書を書き上げました。

もっと深く、たくさんのことを受け取って、自分の人生をより良いものにしよう！

そう思ってお読みいただけましたら幸いです。

吉野聖子

繊細で敏感な女神たちへ—あなたがこの人生で報われるために　◯もくじ

第6章　愛する能力を高めるためのレッスン …… 153

第7章　この個性を活かして生きるためには …… 171

第1章

繊細すぎて生きにくい人たち

1　繊細な人たちの気持ち

あなたは幼いとき、「誰にも自分の気持ちをわかってもらえない」と感じてはいませんでしたか。

自分がそうしようと思わなくても、なぜか相手の気持ちが勝手に入ってくるような感じや、自然とわかってしまう体験がありませんでしたか。

そして、相手を喜ばせようとしたり、悲しませないようにと察して、それを相手に気づかないところでそっと気づかいをしたりすることはなかったでしょうか。

また、両親の仲があまり良くないと感じ、お父さんがお母さんにもっと優しくすれば、この家や家族みんなが幸せになるのに、などと思ったことはありませんでしたか。

そして、お父さんの代わりにお母さんを気づかい、優しく接したり、言うことを聞いたりと、小さいながらに気を使っていた、ということがなかったでしょうか。

今現在、大人に成長したあなたが、社会や家庭で生きにくい、人に自分の想いが伝わらない、どうやっても満たされない、虚しい、と感じることはないでしょうか。

どうやったらこの自分の気持ちが正しく人に伝わり、自分の良さが認められ、愛する人々に囲まれて幸せに暮らすことができるだろうか、とよく思いませんか。

多くのそんな繊細な人たちが、同じ思いを持っています。

岡山・吉備津彦神社—鬼退治で知られる桃太郎伝説のモチーフともいわれる吉備津彦命が御祭神です。

そしてこの世の中は、そんな繊細さが否定される風潮があるように私は感じています。確かに、良い意味での鈍感さ、強引さを持たないとこの世の中では生きていけないこともあります。繊細さゆえに、すぐに傷ついてばかりでは誰とも付き合うことはできません。社会へ出て仕事をしても長続きしないでしょう。

でも、繊細な人たちは、その特性をうまく生かすことができれば、まったく違った生き方をすることができるのです。

2　繊細な人の生きにくい訳

まず第一に、生まれた家、親、環境が合わないところに生まれて育った、ということがあります。合わないとはどういうことかというと、子供の方が親よりも魂の進化度という点で優れている場合です。

どうしても肉体の年齢は親よりも低いので、経験からくる智恵は少なく、幼く頼りなく感じますが、実は、魂の深いところにある智恵は素晴らしいものがあります。

スピリチュアル関連の本には、よく「親を選んで生まれて来る」と書かれています。しかし最近、それは少し違うのではないかと私は思っています。もちろん、自分で「この親」と選んでくる部分はあると思いますが、それがすべてではないと思います。当りも外れもあるように感じます。ただ繊細な人は、特に過酷な家庭環境だったり、深く傷ついている親を選んで生まれてくるようです。そうすると、より深く学べるからです。

そして、霊的な見方では、物事に良いも悪いもないので、どれだけ想いを込めて生きるか、どれだけ人生を味わい尽くすかが大事だ、ということも言われています。つまり、過酷な家庭環境であっても霊的には不幸だとはみなさないのです。

過酷な家庭環境とはどのようなものか、少し具体的に説明しましょう。

総じてその親の世代は、外見、外聞を気にします。周りからどう思われるかが大事で、このような家庭は子供にとって苛酷な環境となるのです。

もちろん自分の子供だからかわいいのですが、そのかわいがり方は、自分の想いを元にしています。良い母親であらねばという想いと、よそから見て良い子だと思われたい、またはおかしな子と思われたくない、このような想いを抱えながら懸命に子育てをします。

この場合の「よそ」とは、義父母から始まって親戚、近所、学校、社会全体です。子供よりも自分への評価が大切なのです。

そこに小さいころに受けた、前の世代、祖父母の世代からのもっと古い価値観の影響があります。そして精神面が十分に育っていないままに母親になり、子育てをしていますので、まるで子供が子供を育てているという面もあります。

また、無意識の領域になりますが、「自分よりも幸せになってほしくない」という想いもあります。自分の目の届くところで、理解しやすく受け入れやすい生き方をしてほしい、そういう価値観で子供を見て縛りをかけていることもあるのです。子供の持っている個性を伸ばす、可能性を引き出すという子育てができない訳です。

このように、生まれてすぐにそういった過酷な家庭環境で育ちますから、それが普通であり、親の言うことが正しいと思い込んでいます。

ですから、言うことを聞けない、言うとおりにできない自分がおかしいのではないか、と親から思い込まされているところがあります。このように親のパーソナリティを正しく理解し、親から植え付けられた価値観を早急に変える必要があります。

3　繊細な人の持つ個性

繊細というだけでなく、純粋ということも付け加えることができます。

たとえば、人から言われたこと、その言葉をそのまま額面どおり受け取ります。「助けてほしい」と言われたら何を差し置いても助けようとします。言い方を変えればお人よしと言うこともできます。

反面、繊細な人は、弱いように見えますが、実はとても強烈な個性を持っています。好きと嫌いがはっきりしています。そしてなにより自分をごまかせません。自分にだけは嘘がつけないのです。

表面的には、大体どんな人やどんなことにも対応できる、合せることができますが、それは自分に無理を強いることになり、それをずっと繰り返して生きていると、自分は何が好きで何が嫌いなのか、何をしたら楽しいと感じるのかがわからなくなっていきます。

元々は、好みがはっきりしていて、嫌なものは嫌なはずなのです。前記のように、人の言葉をそのまま信じて、尽くしてしまう純粋さがありますので、好きと嫌いが自分でわからなくなってしまうのです。

岡山・龍泉寺の竜王池―池に向かって歩いていると、急にあたりの空気が変わるのがわかるほど素晴らしい聖地です。

けれども、自分の本当に好きなものだけを追求していくと、ドンドン間口が狭まっていき、まるで極細な糸しか通せない針の穴になります。その細い針の穴から通る極細な糸は、キラキラ光る透明の絹糸だけになり、その極細キラキラ絹糸の通った先には、「これが私の本当に欲しかった世界?」と感動と共に深く納得するような、そんな世界が広がるはずです。

また、セッションにいらっしゃる方の多くが、「私には何かが見えるとか、聴こえることがないので、霊感などの特殊な能力はありません」とおっしゃいます。でも、この、人の心や周りの状況を一瞬にして感じ取る能力が、特殊能力と言わずしてなんというのでしょうか。

霊感としての「見る」ことは目を使い、「聴く」ことは耳を使います。そこで、この繊細な人の「感じる」という能力は、ハートチャクラという霊的な感覚器官ともいえる部分を使うのです。

このハートチャクラは、愛を感じて受け取る大切な場所です。喜びや楽しみ、悲しみや苦しみといった人間として心を持って生きていく上で大切な感情もここで感じます。持って生まれた繊細な感覚を活かしていくためには、ここを活性化させていることがとても大切です。

〝感じる〟という能力を正しく理解し、ハートで感じたことを喜びとして使うことができれば、人生は１８０度大きく変わることでしょう。

この特殊能力に目覚めて、よく活かすことができれば、この世の中は喜びに満ち、みんなが平等で自由で、生きやすい世界になるでしょう。

4　繊細さはギフト

繊細に生まれてきたことを良かったと思えるか、ネガティブに捉えてしまうか、繊細な人の幸せは、ここにかかっていると思います。

小さい時には、この繊細さは親にとっては育てにくいこともあり、人生の最初に出会う人に受け入れてもらえない、もしくは否定されていると、せっかくの宝物も、邪魔なものになってしまいます。そのため、繊細さを隠すことで感性を鈍麻させることになります。

これをギフトとして周りから認められる、共に喜んでもらえるという経験を持つと、まったく違った素晴らしい宝物になります。

私のクライアントさんたちは、みなさんとても繊細な方ばかりです。

この繊細さをずっと抱えながら今まで生きてきて、うまくそれを活かすことができずに困り果てて私のところに訪れるケースがほとんどです。。

これまで周りの人に褒められたり、感謝されたりという経験がほとんどなく、自分の中の貴重な宝物を自ら放棄しているような状態ですから、私はこのことを指摘し、丁寧に説明させていただくと、みなさんはホッとして笑顔になるのが印象的です。

繊細な感性を持っているのに、それを鈍麻させようとすることは、たとえると、とても繊細な味付けの高級な日本料理、もしくはフランス料理の、微妙な味の素晴らしさが判る舌を持っているのに、そこに塩やコショウをさらに振り掛けて、味をわからなくするようなものです。非常にもったいないことだと思います。

あなたの繊細さは、普通のことをより豊かに感じるため、人生を濃く深く味わうためにあるのですから、まずはこの繊細さを自分が受け入れることです。

けっして恐れず、自分をしっかり愛して生きていくことです。

5　繊細さを活かすために

小さいときから、霊的な能力の一種である繊細な感覚があり、それを親や周りに理解されず、もちろん活躍の場もなく、自分はダメな人間なのか？　と思うしかなく、ずっと一人で閉じ籠っていたという、そんな霊的な特殊性を持っている人たちは、少なくありません。私のセッションに訪れる多くの方々を見てもわかります。せっかくの宝物を、自分の人生に活かせたらどんなに素晴らしい生き方ができるか、それをわかってもらいたいと思っています。

自分の特性・個性を生かすためには、繊細すぎることは障害になります。

それは繊細というより、怖がり・臆病と表現した方が的確かもしれません。

この、繊細であるがゆえにどうしてもついてくる怖がりな部分、それを改善しないと、せっかくの宝物が活かせないということです。

自分が嫌だとか苦しいとか感じたら、それは自分の怖がりなところがそう訴えているのかもしれないと思ってみてください。

怖がりで臆病なため、驚いてパニックになってしまうかもしれませんが、そうすると、ものごとをネガティブに捉えがちになります。その結果、自分から外に向けての世界が狭まり、持っている可能性が確実に縮まります。ですから、そこを改善していければ、この繊細さは利点になります。

要は、恐怖を克服すればいいわけです。

人はなぜそんなことをするのか、言うのかなど、物事の深いところにある原因を関知する能力があるのですから、それを発揮してしっかり理解すれば、安心できるようになり、いちいち驚いてパニックにならずにすみます。

繊細さを活かすには、まずは自分が安心していられるようにすることが大事なのです。

私の場合ですが、怖がり度が強かったころ、困ったことが起こったときに、すぐに「どうしよう？」と対策を考えていました。つまりそれは、怖いがゆえにパニックになり、その事柄から早く逃げようとするからなのです。

そんな状態で考えついた対策は、最善とは言えず、その場をどうやったらうまく治めるか、または逃げることができるかということになるので、自分も含めてその出来事に関わる人たちの成長のためにはなりにくいのです。

だから何か嫌な出来事があったときには、すぐに何とかしようとせずに、自分がパニックになっていることをまずは意識して、逃げることばかり考えずに、まずは深呼吸をゆっくりと繰り返して、その件をいったん天に預けてしまうのです。そしてきれいに忘れてしまうのです。

「その件は天に預けたから大丈夫」と自分に言い聞かせてください。そうやっているうちに、本来の感性の良さからインスピレーションが湧いてくるはずです。あなたは、それに基づいて対応すればいいのです。大切なことは、まず落ち着くことです。

それを誰かにわかってもらおう、助けてもらおうとしても、恐怖が伴った繊細さゆえに満足する答えは出てきません。

一番良いのは自分自身の感性で決めることです（繊細だけど、それゆえに詳細に関してはこだわりがあり、頑固なので）その自分の細かい神経のヒダがどうなっているのかを自分でよく知り、それに合った最善を自分で考えて決めていくしかないようです。この繊細さ、わからないときは厄介だけど、わかると意外とユニークで面白いものです。

☆繊細さは怖れを手放すと活きてくる
☆怖れの正体がわかると活きてくる

岡山・龍泉寺の竜王池―静寂で神聖な場所です。ここで一時間ほど瞑想をし心身ともに浄められました。

6　私の繊細さ

４年近く前のことです。改めて自分自身がかなり繊細であることに気づく出来事がありました。

体力向上のためにあるエネルギー療法を受けたのですが、その施術される方の技術には疑いはなく効果も実感できたのですが、良かれと思って言ってくれたであろうことに傷つきました。頼んでいない霊的な見解を述べられたのですが、それが何とも受け入れがたいことだったのです。それで、そのことに関して半月の間、ずっと原因などを考えていました。最終的には大きな気づきがあり、悟りといえるものもありました。必要な出来事だったと思うし、たくさんの気づきと学びをもたらしてくれました。

その気づきとは、私自身の繊細さであり、神経質とも言えることに関してです。

私の体調不良をその施術者は霊障だと言い切ったのですが、私の出した答えは、「繊細すぎることから来る疲れ」だったということです。

ヒーリングという似たような仕事をしている人にも理解されない、この私の特殊さ、これは本当に困りました。でも、そこから、自分と似たクライアントさんのために、この繊細さを解明していくことになったのですから、これはやはり必要な体験だったのです。

多くの原因のはっきりしない症状をすべて霊障と断定してしまうことは危険です。ざっくりと分けるとそれはそうなのかもしれませんが、霊的なことをよく知らない人がそう言われたら、ただ怖れを抱いたり、そのことから施術者に依存することになります。それは避けたいところです。

私が小さいころ、母にはよく「それくらいのことで」と言われてきました。ちょっとしたことが不快に感じて、すぐに体に不調が出ました。ですから、母にとって私は育てにくかったと思います。

自分でもどうしてそうなのかわからなかったし、どうにかしてもっと鈍感になれたらと何度思ったことか……。

普通の人のようになりたいと思い、ずっとこの年まで過ごしてきて、今になってこのお仕事をさせていただいているのですが、それは繊細さのお陰だと思っています。

前にも述べましたが、私のセッションを受けにいらっしゃる方は、とても繊細で敏感な方ばかりです。私と同じでシンクロしているところがたくさんあります。きっとその繊細さゆえに、親にも理解されなかったり、対人関係でも苦労されてこられたのだと思います。自分でも自分をどう扱ったらいいのかわからない、という方もいらっしゃいます。

以前、私のブログに、「ちょっと軽く体にぶつかられただけで、すごく痛いと感じる」と書きましたら、その後のセッションにいらした方の多くが、「私もそう！」と共感してくださいました。やはりそうなのか、と自分だけではないのだと思いました。

そして、そういう自分で良いのだと思えたし、それでなければ自分らしくいられないのだとも確信しました。

タフなタイプの方には憧れますが、私にはそれは無理。タフになろうと頑張っていた過去もあったのですが、やはり無理がありました。

そういえば、ハードな運動は子供のころから苦手でした。ドッジボールやソフトボールをするとき、クラスメイトの投げたボールの勢いが怖すぎて、いつも逃げ腰でした。大人になって始めたヨガやウォーキングのような緩やかなものが自分には合うようです。

自分に優しく、楽に生きるというのは、こうして自分の特性をよく知ることが大事です。その特性は、前述したように、過去の家庭環境や周囲の大人たちの思惑からの影響によって変形してしまっていることもあります。

あなたがそれに気づいて、正しく理解することにより、ずいぶん視野が広がっていくはずです。恐れることなく、あなたが持っている宝物であるその繊細な感覚をもっと磨いていかれることをお勧めします。

岡山・竜泉寺の竜王池近くにある鯉岩―竜王池を離れ、次に出会ったのが鯉の形をした岩です。何気なく振り返ると太陽の光に照らされて神々しく見えました。

第2章

エンパス、
共感性という能力

1 エンパスとは

共感性の高い人のことを「エンパス」と言います。

共感性とは、人の感情に同調することができ、同じように痛みや喜びを感じて、寄り添おうとする能力です。

このエンパスの人は、一般的に繊細で純粋で優しい人が多いといわれます。日本人は他の国の人と比べて、エンパスの比率が高いそうです。

人ごみの中を歩いたり、満員電車に乗り合わせると苦しく感じ、非常に疲労してしまうというものから、最近では、管理的で儲け主義的な傾向が強い会社で働くと心身が摩耗するという訴えをよく聞きます。また、ＩＴ関連の会社なども苦手なようです。

エンパスの人が最も居心地がいいと感じる場所や人とは、自分だけがよければいいという考えではなく、お互いを思い合い調和のとれた人たちの中にいるときです。

共感性の他に、繊細さ、純粋さもありますが、多くは、それをうまく生かすことができずに過敏となり、世の中のこと、人に対して過剰な反応を示すことがあります。

特にパニック障害と診断されていなくても、合わないことに対してアレルギー反応を起こしパニックになります。それにはさまざまな理由があります。

人間の身体は、肉体のみならず、エネルギー体というもので構成されています。それをオーラと称しています。そのエネルギー体の元になるのがチャクラと呼ばれている七つのエネルギーセンターなのですが、彼らのオーラやチャクラを関知してみると、それがかなり特殊なのです。

低い波動のもの（大気汚染、ネガティブな感情・想念、たばこの煙、農薬を使った野菜、食品添加物など）を敏感にキャッチし、顕在意識にまで上がる前の無意識のレベルでそれを感じて、アレルギー反応を起こします。自分の意思では、みんなと同じく人に合わせようと思っていても、自分の本質を表すといっても過言でないエネルギー体がそれを拒否するのです。それを私は「アレルギー反応を起こしてパニックになる」と言っています。

2　エンパスにとって大切なこと

人と付き合うときには、距離感を適度に保つことが大事です。距離感とは、会う頻度や濃度のことです。

たとえば、気が合うかもと思う人でも、また相手がこちらを気に入ってくれてたびたび連絡をしてくる人でも、いつもその人と一緒にいると、自分が自分でなくなるような感覚になります。窮屈になるような感じです。それは無意識でも、意識的にでも相手に合わせているからです。相手がこうすると喜ぶということを無意識でキャッチしますし、それこそ自動的に先回りして相手に気づかってしまうので、相手は一緒にいて居心地がよく、楽に過ごすことができます。だから、もっともっとと要求がエスカレートしてくるのです。

自分を生かし、自分が主となって楽しむためには、強く意識して人に合わせるという行為をやめることが大切です。私はこうしたい、という意思をしっかりと相手に伝えることで、それは改善していきます。それがひいては対人関係を良好なものにし、長く続かせるコツです。もし言いたいことを言って、それにより関係が悪くなるようだったら、それは付き合うべき相手ではないということになります。

またもう一つ大切なことに、ハート・チャクラの感覚を大切にすることがあります。

エンパスの人は、ハートの感覚が発達していることが多く、人との関係で境界線がしっかりと引けていなく、相手が侵してくるときは、胸にもやもやとした不快感が生じます。そのもやもやとした感覚は、もうこれ以上無理です、と言っているので、その感覚を信じることが大切です。

ハートの感覚を信じたら、今度はイエス・ノーをはっきりさせてください。自分の感覚を大切にし始めると、まるでお試しのようにいろいろなことが起こります。その際、自分のハートの感覚を元にして、嫌なものは嫌と断り、イエスと思うことだけを選んでいくと、自分にとって本当に必要な人や物事が引き寄せられます。引き寄せられるというよりも、巡り巡ってくる、循環してやってくるという感じです。

そして、「純粋、透明になることを恐れない」ことも重要です。

こうアドバイスすると、「今だって繊細で、純粋すぎて周りと合わないのにこれ以上そうなってしまったら、ますます孤独になってしまう」と思うかもしれません。でも、そうなっていくしか自分を生かす道はないのです。勇気を持ってそうしていくことで、自分らしさ、自分の本当の感性が見えてきます。

3　エンパスの特殊能力

①自動浄化能力

自分ではそうと意図しなくても、自動的に状況や人のことを浄化する能力を発揮しています。それは相手の持っている闇を浮き上がらせるということなのですが、強烈な光を当て浄化を促すのです。それを自分では意識してやっているわけではないのですが、出てくる結果が強烈なため、相手は意外（心外）で驚き、こちらに対して恐れと怒りを持ちます。

もっと具体的に言いますと、意識的にしろ無意識にしろ、相手のずるいところや間違っていると思われるところを見抜きます。

意識している部分では、それを直接言うことは失礼だから言いませんが、無意識がそのストップを待たずに、意図せず（悪気などなく）言葉を発したり、何らかの行動を起こしてしまいます。それがどんぴしゃりなため相手の闇をつつくのです。そして、相手は驚き怒り、こちらを悪者にします。簡単に言うと、そのような流れで事態が起こるのです。

この場合に注意しておくことは、自分にそういう能力があるということに気づいていることです。そして、間違っている相手に対して、変えてあげよう、間違いを正そうと思わないことです。むしろ放っておいてあげることで、その人はいつか自分で気づき改めることができます。

②自動ヒーリング能力

前の浄化の能力と似ていますが、特にそうと意識していなくても、ただそこに存在しているだけで何らかの癒しのエネルギーを発しています。

目の光、発する声、吐く息からもそれは放出されています。これは生まれ持った特殊能力、霊能力と言えると思います。「癒し」といっても、気持ちよかったよ、ありがとう、と感謝されることばかりではなく、相手がいきなり自分の身の上話を語り出したり、場合によっては巻き込まれてしまったり、こちらは何も関係ないのに、その人の憎むべき相手の身代わりにされて怒りをぶつけられたり、などということをよく体験されるでしょう。

これも自分でちゃんとこの能力があることを自覚しておくことが重要です。そして、感謝されるか利用されるかの境目は、相手の良識に掛かっていることを知っておくべきです。そこをしっかりと見抜いておけば、利用されて嫌な思いをすることはありません。

③目に見えないことが担当

目に見えないことに自分の立ち位置、取り組むべき課題と人生のテーマがあります。総じて得意とする分野が、見えることではわからないもの、霊的な世界、意識の分野です。そのため、目に見えることを重要視しすぎないことが大切です。

そのためにも、いい人と思われたい、できる人と思われたい、などと表面的な評価を求めて行動しない、ということです。

持っている能力を生かすためには、目に見えないこと、感じることでしかわからないことに注目していくことです。

たとえば、愛、豊かさ、自由など、そういうことを自分の生き方のテーマとして、それを追求することです。自分の中でさらにより良いものにしていくことにより、それを人から感じてもらうのです。存在自体が癒しとなる人なので、何も言葉にしなくても雰囲気に現れてしまいます。そこに自分の生きる価値・真実がある、ということです。

④エネルギーを増幅する働き

それはまるでクリスタル（パワーストーン）のような働きをします。ポジティブな意識はよりポジティブになりますし、ネガティブな意識（想念）はよりネガティブにもなります。良くも悪くも純粋さがその方向性を決めるのです。

物事や人物のネガティブな面ばかりを見ていると、それをより強調してしまいます。

たとえば、心配性のお母さんは、子供の行く末を案じるあまり、同年代の子と比べて劣っているところを何とかしようとして、反対に子供の成長を妨害してしまうように。

愚痴や悪口ばかりを言い合う環境にいると、人のネガティブばかりを見る癖がついてしまいます。そうすると、普通よりもより強くネガティブが強調され、本来の自分の純粋さが見えなくなります。

反対に、ポジティブな意識を持ち、元気で明るい人と共に過ごすようにすると、元々持っている良さが引き立ちます。そうしていつの間にか自分自身から発する光が明るく強くなり、周りの人を元気にすることができます。

⑤血縁関係よりも他人との方が幸せになれ、能力を発揮しやすい

元々の魂の気質が、友愛、平等、博愛といった傾向があるので、本質的に血縁関係にはこだわらなくていいのです。すべての人を愛したい、という目的のために生まれてきてい

青森・奥入瀬渓流の銚子滝―奥入瀬渓流の出発点ともいえる場所で、ここにたたずんでいるだけで身も心も洗われるようです

るので、そのためには生まれ育った愛着のある家や家族と離れる必要があります。成人して就職するために家を出ることは、大きな成長のチャンスでもあるのです。

また結婚して他家に嫁ぐことも、他人と家族になるということですから、実はこれも大きなチャンスであるわけです。

これからの時代は、合わない親や実家のことをいつまでも気にせず、自分で築いた家族や、世界を創っていくことに意識を向けて行く時期が到来しています。血のつながりは深いものがありますが、魂のつながりのある新しい仲間、家族を探す方が、より自分らしく生きることができます。そして、生まれた家と親が、当たりであっても、外れであっても、自分の魂がより輝く生き方を求めていくことを提案します。

4　エンパスと平等

私は昔、子供の頃に学校の先生から教わったこと――誰にでも同じように接すること、人によって差別してはいけない、みんなに平等にすることが大事――それをしっかりと信じて守ってきました。

それによって良いことがあったかというと、決して良いことばかりではないという方が多いという印象が強いです。

私の場合は、私を頼ってくれる人には、どのような状況であっても、むしろ、困っている状態の人ほど親身になって話を聞いたり、できる限り手助けをしたりしてきました。

人を差別しなかったと言えば、なんかホント良い人みたいに映りますが、見定める、見極めることをしなかったと言えるかもしれません。だれかれかまわず、人の中にある嘘を疑わず同じように、できることを精一杯やってきましたが、今は反省しています。

それをしてきてよかったのは、我慢強さが培われたことだけです。それを上回るほどに受けた心の傷は小さくはありませんでした。裏切られ、長い年月をかけて自分で悟ったことは、「人への接し方は、人によって対応の仕方を変える」ことでした。

これは一見していやらしく思えるかもしれませんが、そうではなく、人には受け取れる器というものがあって、無制限に渡せるだけのものをすべて渡してしまうことは、ある意味では暴力にも匹敵するほどなのです。けれども、これはエンパスの人にだけ当てはまる生きる知恵であって、すべての人には当てはまらないでしょう。

エンパスである私は、この世界に入る前からも相当おかしな体験をしてきたのですが、ヒーラーになってなお、最初の頃には、「なんで？　こんなに頑張っているのに！」ということがよくありました。

そして、２０１２年にとても印象的な出来事があり、それ以来、さすがの私ももう二度と誰に対しても平等に、などということはしないと決意することができました。

前述の「無制限に渡せるだけのものをすべて渡してしまうことは、ある意味では暴力にも匹敵するほどなのです」ということですが、それは人によっては、渡しているうちに何かの化学変化のようなものを起こすことがあるということです。

疑うこともせず、むしろどこかで気づいていても、平等に、同じように接しなければならない、と思い尽くし続けていると、いつかどこかで、あるいは、それは突然に何の前触れもなく、ど〜ん！と、しっぺ返しのような形で現れます。

持っている愛の力、奉仕の心の使い方や使い道をいつもよく吟味せずにうかつに何気なく使っていると誤作動を起こすようです。それは化学変化とも言えるかもしれません。まるで大人しい仔羊が凶暴なトラになるような感じです。

まずエンパスさんの子供時代のお母さんとの関係に例えてみましょう。

お母さんだから、無条件に信じます。だれでも自分の母はマリア様だと思います。少なくともそうであってほしい。だから、一心にできることをして尽くします。母に喜んでほしい。母を幸せにしたい。もうそれはいじらしいほどでしょう。

マリア様ではない激しくアダルトチルドレンな母だった場合、化学変化、誤作動は起こります。尽くせば尽くすほど意地悪な目で見られるとか、純粋に信じれば信じるほど、憎まれるとか、素直に従えば従うほど、どんどん母親の奴隷みたいになります。

なんで？　どうして？　私が悪いの？　もっと尽くさなければならないの？

それでまた、一心不乱に教えられた平等の観念を実行し続けます。それは負のスパイラルです。

もう一つのたとえで説明していきましょう。

親や周りの人によって傷つき、悩んでいる人がいたとします。自分こそはこの世で一番かわいそうで、ひどい扱いを受けたと最大限に訴えます。それをそのまま信じて、またその方が望むとおりにして差し上げたとします。何時間も話を聞いたりし続けていると、今度はこちらの都合も考えずに、夜となく朝となく毎日のように連絡がくるようになりました。

困ったなと思いつつも、困っていてかわいそうな人なのだから、嫌な顔など見せず精一杯のことをしてあげよう、そうやってその人が楽になれば私は本望だなどと思って、その要求のすべてを受け入れます。そうすると、徐々にそのかわいそうだったはずの人は暴君へと豹変していきます。優しくしてくれて当たり前、少しでも面倒とかためらいの態度を示すと、こちらを責めます。好意でやっているのにまるでやって当たり前、やらないと人でなしのように罵ります。

このようなことがあったとき、通常はその相手を悪く思うと思いますが、そうではなく、暴君へと育ててしまったこちら側に非があるのです。愛や奉仕のエネルギーレベルの違う相手に良かれと思って尽くしても、伝わらないどころか、むしろそれは罪なことなのだということの良い例です。

このような場合、どう対応していたらよかったのでしょうか。

相手のペース、都合にすべてを合わせないことです。しっかりとこちらの都合や条件を伝え、それに合わなければノーと拒否することです。

夜は早く寝るからダメとか、時間は一時間までとか、この範囲でできることをしますよと**奉仕する側が主導権を取る**ことです。

こちらの条件を守れない相手には、尽くす意味がないということ。何もしなくてもいいですし、冷たく突き放して見捨ててもかまいません。それが愛でもあるのです。

※私のエピソード
小学校の5、6年の時、クラスが荒れていました。今思うと、学級崩壊気味なところがあったと思います。担任の先生は神経を病んでいて、手の震えがありました。

私は大人《おとな》しかったのですが、内側で考えていることは激しいので、それが伝わっていたのか、表立ってではなかったですが、いじめに近いことをされていました。

子供だったので全体をよく見れずに、自分がどこか変なのかなと思っていた部分もありました。

超エンパスの特徴に、自分にある程度関係していること、またはそうでもないことでも無意識レベルで察知して、まるで自分がそれの代表となって、矢面に立つということをするというのがあります。

家庭科の実習か何かで、グループ分けをする時、突然、いつも一緒にグループになる人たちと離されたことがありました。二人の女の子のいじめっ子がいました。

かなり陰湿で、それまで自分以外の子がいじめられていたのも見てはいました。でも、子供でしたから、自分のことで精一杯で、特に何も助けるとか庇《かば》うとかはしなかったと思います。

私が仲間外れに遭い、強制的に入れられたグループは、普段よくいじめられていた子たちでした。その子たちと一緒にされたことをいじめと感じたのですから、私はその子たちを蔑《さげす》んでいたのでしょうね。今思うと申し訳ないことをしたと思います。

洋服が汚れていたり、勉強が出来なかったり、なんだかボーっとして反応が遅かったり、そんな子たちだったと思います。それで、そのことが起こっている時、咄嗟に担任の顔を見たんですね。そしたら先生は、申し訳なさそうな顔を一瞬だけして、あとは、私は知らない、と言わんばかりに目を伏せてしまいました。

陰湿ないじめに遭っているときには、先生には助けてもらえないんですね。子供でも、自分のことは自分で守れないといけないのです。それで、そのときに感じたのは、ここまでなんですが、今になり気づいたのは、エンパスな子供の私は、このクラスのいじめられっ子の代表となり、その無念さを味わい先生に訴えてみた、他のクラスメイトの良心にも訴えてみたのだと思いました。

意識できる意識では、ある程度見て見ぬふりをしてはいても、無意識レベルでこれを何とかせねば、と思っていて、自ら矢面に立ち、みんなに問題提起をした、こんなことだったのかもしれないと思いました。

また、たしかにこのいじめっ子たちには普段から反感を持っていて、黙っていたけど軽蔑していて、相手にしないようにしていました。それが癪《しゃく》に障《さわ》ったのか、大人しくしていた私に、突然の仲間外れをしたということだったと思います。

いじめられたくなければ、いじめっ子に迎合しなければならない、あるいは、どんな手段を使っても、その子たちと戦って勝つこと、どちらかの道を選ばなければならなかったようです。

青森・奥入瀬渓流─新緑と岩の苔、水には光が反射してとても美しい！　魅了されるスポットです。

超がつくくらいのエンパスタイプの人は、こんな風に割に合わない、いわゆる損な役回りを買って出ることが多々あります。人の厄《やく》や負のエネルギーを、身代わりとなって浄化しようとするようなところです。これはもう古い価値観です。人の負のエネルギーは人のもの、自分の生命エネルギーは自分のために使うものです。

やはり、清らかなエネルギーは、清らかであってこそ輝くのです。人の毒は飲まなくてもいいのです。飲んで解毒してきれいにしたものを渡しても、人はそれを大変なこととして認識しませんし、もちろん感謝もしてくれません。当たり前のこと、もっとやってほしい、となるだけです。

そのときの担任の先生は、その後しばらくして、胃と心を病み、亡くなられたと聞きました。

5　なんのために生まれてきたのか

①地球の浄化をする

住んでいる土地や町の浄化をします。それには担当があります。生まれて育ったところ、その後に移り住んだところ、その場所の浄化をします。

その他には、人の表面的に見える部分の浄化だけではなく、無意識層の浄化もします。それを集合意識、集合無意識といいます。この集合意識は、普段あまり意識することはありませんが、実はとても大きな意味があり、私たちの生き方や人生にも多大な影響を与えています。

たとえば、「なんで私だけが人生うまくいかないの？」と悩んでいる方で、周囲の人と比べて能力的に劣っていないのに、ある特定のことがうまくいかない、どんなに努力してもできないという場合、原因の一つとして集合意識の影響を強く受けていることがあります。その問題に深くフォーカスして、そこを代表して浄化しているということなのです。

個人の無意識ではなく、民族などの集団的な人々の共通した集合意識には、それぞれ子供、女性、男性の意識と大きく分けて三つあります。

女性特有の問題が極端に強く出る場合、虐げられた女性性の集合意識の影響を受けていることが考えられます。また、自分の女性性を受け入れにくい場合は、集合意識の男性性の影響を意外にも強く受けていたりします。

親への執着が強い場合、これは子供の集合意識の影響を受けていると考えられるのです。集合意識は、自分の無意識・潜在意識と直結していて、それがエンパスのような敏感なタイプの方は思っている以上にダイレクトな影響を受けています。過剰に反応してしまうのも、そこから来ています。

少々厄介なことですが、まずはそこに気づいて、自分がどんな影響を受けているかを理解し、対処していくことです。そうすれば、自分の霊的な立ち位置ができていき、人生のさまざまなシーンで安定していきます。なぜならば、そのことに見合ったサポートが自然と起こるからです。

②自己犠牲、支配、被支配をやめる…苦しまない

人は自己犠牲ではなく、奉仕をすることを課題にして生まれてきています。

ところが、エンパスの人は自己犠牲を何の疑問もなく、自然に行っています。これは深

く魂レベルに染み付いている問題です。

また、自分が自己犠牲をすることによって、そのことを人にも押し付けてしまいます。そうやって連鎖が起こります。その連鎖を断ち切るという役目があります。「見返りを求めない愛」「無条件の愛を達成するため」とも言えます。

また、支配する方とされる方の関係に気づき、これをやめることも目的・課題としています。上下関係、強弱、優劣に基づいた価値観を変えていく作業なのですが、これはとても大きな問題で、みんなで力を合わせて行っていくべきテーマです。

後の章で詳しく書きますが、とにかく身を差し出すことなく自分と周りが幸せになることをしていくので、自分は絶対苦しまなくていいのです。

③女神として生きる

前著（『女神として輝くための８章』）にも書きましたが、女性性を意識して使って生きるということを推奨しています。

私たちは女性であっても、意外と男性性を前面に出して生きていることが多いものです。

女性性とは、概して受け身であることなのですが、それは自分からこれがほしいと獲得しに行くのではなく、日々を穏やかに生きて、周りの人と調和していくことで共に成長することです。すると、だんだん受け取れるものの質が上がり、さらに喜びを共有していくことができるようになります。

そのための象徴として、存在しているだけで人々を癒し、成長・進化を促すことのできる〝女神〟を目指していくことです。

③感じるという能力を自分の喜びのために活かし、人生の喜びを味わい尽くす

愛や豊かさ、自由というものは目に見えるものではありません。自分がそうと感じることで満足できるものです。これらのことに関連している感情は、「喜び」「安心感」「楽しさ」です。世間体を気にしたり、他者からどう思われるかを気にしてばかりいては、自分の本当の気持ちを感じることができません。

〝感じる〟ということは、とても素晴らしい行為です。喜びはもちろん悲しみでさえも、感じきることで人としての深みを増します。それは、人の気持ちがより理解できるようになるからです。

できることなら、いったんすべての邪念をシャットアウトして、自分の内側にどんどん

入っていってみましょう。人生におけるさまざまな出来事は、さらっとやり過ごすこともできますが、一つひとつを大切に、じっくりと感じきり、味わうことができれば、何倍も強く喜び、楽しむことができます。

悲しみをたくさん味わうほど、その後に来る喜びが増すことがあります。「ありがたい」という気持ちが湧き出て来るからです。

とにかく、まずは自分自身がウキウキと楽しく、ご機嫌に過ごすことが大事で、そのエネルギーが周りの人や社会へと癒しのエネルギーが広がっていくのです。

6　ワンネスとは

私たちの魂は、元々は一つでした。あなたも私も、動物も植物も元は一つでした。それが、霊的な進化の過程で、一つだった私たちの魂は分離しました。ですから、必然的にまた再統合を果たすという目的があります。それゆえ、今現在こうして分離していることは、私たちにとってとても苦しいことなのです。一つだったときの感覚を私たちは魂のどこかで知っているからです。私たちの魂はより進化していくことを望んでいます。そのために愛の学びを通して人は一つになっていくのです。

あらゆる苦しみの根源はこのような分離感から来ています。それは、「私」というものが基準となり、「私ではないもの」と分けて考えます。私と他人、私の味方と私の敵、私が属している組織・国と、私の敵である組織・国というように分けてしまうということです。このように分けて物事や人を見ると、自分以外のものに恐れを抱くようになります。それが、いじめ、暴力、争い、戦争へと発展していきます。

これは愛から遠ざかる行為です。だから私たちは争いをやめ、真実の愛に目覚め、真の豊かさを得て、一つになっていく道を目指すのです。

この話はセッションの時によくお話しすることなのですが、以前は、お一人おひとりのご相談に対応するのが精一杯でした。悩みを持ってこられる方がほとんどでしたので、「さらによりよく生きるためにはどうしたらいいか」という意識を持った方はめったにいませんでした。そのため、うまく伝わらなかったり、納得していただけないことに、いつまでもくよくよしていたりすることも多々ありました。

そんなことが続いていたあるときに受け取ったメッセージは、

「目の前の人を見るな　全体を見ろ」でした。

つまりそれは、人はみなつながっていて、それもテーマごとにまとまってつながっている。最初に出会った人とうまくいかなくても、その次に出会うまでに自分がレベルアップしていると、同様にレベルアップした前に出会った人と同じタイプの同じテーマを持つ人がやってきて、また一緒にワークをしてくれる。それは前よりも少しだけうまくいく。そうやって何度もこれを繰り返していくうちにある段階に来ると、かなりレベルアップしたセッションが行われ、グーンと一気に全体としての癒しが進むというものです。

これを、恋愛に置き換えて、もう少しわかりやすく説明します。

数年間お付き合いした人と別れたとしましょう。一時期とても楽しくお付き合いし、お互いに愛し合っていました。でも、あるときからうまくいかなくなり、お別れすることになりました。その後、どうやっても立ち直れずにいたとします。

その際に言えることは、自分に縁がある愛を学ぶ相手は、別れたその人一人ではなく、魂のグループとしてつながっていると考えてみるのです。だから、顔や名前や年も違うかもしれないけれど、次に出会う人はかつて愛した人と似た魂を持っていて、同じようなテーマを学んでいくのです。

過去の人への未練をうまく手放すことができれば、次の学びの相手とスムーズに出会うことができますし、その相手は前の人よりも霊的な学びが進んでいて、前の相手とできなかったことがスムーズにできるようになります。それが霊的な成長、進化ということです。そうやって人は愛を学んで成長し、人生をより良いものにしていくことができるのです。

これはすべての人が一つであり、姿かたち、名前が違っても、共通した想い、意識、魂があるということです。一人の人にこだわることはなく、初めの人とはできなかったことを、次に出会う人とはできるようになる――それはみんながつながっているから、新たな人との学びが、初めの人に伝わっていくというようなことになっています。

一人ひとりでも癒されるけれど、みんなつながって癒されていく、ということもあります。だからやはり、一人じゃないんですね。孤独なようでそうではない。

今、目の前にわかり合う人がいなくても、自分と同じことで悩み苦しんでいる人はいる。姿かたちは見えなくても、感じることでわかることがあるということだと思っています。

ワンネスの概念は人間関係ばかりではありません。自然との関係も大切です。

こんなメッセージを受け取っていますので、ご紹介します。

２０１５年６月に青森の八甲田山にて自然界の精霊から受け取りました。

自分への愛、他人への愛、そして自然への愛
その三つのバランスが大事なのだ
自然と離れ、人の中で暮らしていると
人と自分だけの関係と思いがちだが
自然とのバランスがとても重要なのだ

これが今、とても崩れていて危険な状態だ
自然を大切にすると、もっと潤い
大切にしないと、それは返って来る

これは、自分と他人という人間だけの関係ではなく、元は一つなのだから動物も植物もすべて同じ大切な存在であり、それらが生きている土台であるこの地上もすべて大切な私たちの仲間なのだということです。自分と他人、そして自然を大切にしていくことで、安心してこの先を生きていくことができます。

※集合意識とは

私たちの意識には顕在意識と潜在意識があります。そして潜在意識の元のような深い意識で私たちは一つにつながっています。その一つにつながっている領域を集合意識と言います。そのため私たち一人ひとりの想いは集合意識に反映されていきます。

その見方で見ていくと、過去に生きた人々のさまざまな想いも、この集合意識に蓄積されています。その意識は、普段はなかなか意識することはありませんが、確実に私たちの意識の中に影響を及ぼしています。

そのため、集合意識は自分の無意識であるということもできます。それは潜在意識と直結していて、それがエンパスのような敏感なタイプの方は、思っている以上に、集合意識の影響をダイレクトに受けているのです。過剰に反応してしまうのも、そこから来ています。これはエンパスにとってとても重要なことですので、よく理解しておいてください。

青森・十和田神社―十和田湖畔の古木に囲まれてひっそりと建つ古い神社、まさに神聖な空間です。

7　ライトワーカー

①原因不明の痛み

繊細で敏感で純粋なエンパスの人の多くは、ライトワーカーである可能性が大きいです。ライトワーカーとは、地球のために奉仕をすることを目的にして生まれてきている人たちです。つまりそれは、地球と共に生きているということですから、地球の痛みは自分の痛みとなっているのです。

生来的にさまざまなものに敏感で、霊的なアレルギー体質でもあるため、物音や臭い、人の想念により心身のバランスを崩しがちなのですが、ここ数年、特にその傾向は強くなっています。

それは意識して感じているところと、無意識で感じているところの差が大きくある場合、特に不安が募るようですが、今現在の地球の変化に伴い、押し寄せてくる宇宙からのエネルギーに反応しているのだと思います。自分はそういう気質を持ち、使命を持っているのだ、としっかりと自覚をしないと、ただただ心身が不調であることに不安と恐れを感じてしまい、憂うつな日々を送ることになります。

でも、これが自分にとってはごく普通のむしろ喜ばしい変化の第一章だとしたら、憂うつになる必要などなく、淡々とそのエネルギーを受け止め、変化の波に逆らわずに、乗っていけばいいのだと思います。

ですから、今ある心身の痛みは取ろうとしなくていいのです。痛みは感じるためにあるのですから、痛みから逃げないことです。ただし生きた人間ですから痛みのある状態はつらいものです。そのときには、自分に合ったエネルギー療法などで痛みを緩和することを試みてください。

そして、この痛みはどこから来ているのか、何を知らせようとしているのか、それをただただ感じていくのです。つまり、地球が訴えていることは何かということです。そうすると、すぐに痛みが去ることはないかもしれませんが、気づきと共に、何かを受け取り、そしていつの間にかひどかった痛みが軽くなっているでしょう。

この痛みとは、地球からの、「共に生きていきましょう」というメッセージなのかもしれません。

私たちは繊細ですから、さまざまなことにアレルギー反応を起こしているのです。

一見、個人的な反応のように見えても、実は集合意識から来ているものでもあります。敏感であるから起こるさまざまな不快なこと。「どうして私だけが？」と思うかもしれませんが、それは、「私だから」であることを理解してください。

怖がりで臆病なところを改善できれば、持って生まれた素晴らしい能力が開花していくでしょう。改善するとは、どんなことがあっても動じない、「私は大丈夫」という強い心を持つことです。

②ライトワーカーの役割

世の中には、政治や経済、科学や医学などの分野で世界に貢献する人の役割があるように、ライトワーカーにもライトワーカーにしかできない、ライトワーカーだからできる方面のお仕事、役割があります。

それは、「癒し」「浄化」「祈り」などです。それはまた、「天界と地上を繋ぐ」ということになります。つまり、天界のエネルギーを地上に降ろすということです。

これはどういうことかというと、スピリチュアルな生き方を通して、より良い生き方を実践し、何よりも自分が喜びに満ちて人生を歩み、いつも幸せであること、その生き様を周りの人に見せ、示していくということで、必要ならシェアしていくことです。

以前は自分のことは差し置いて、世の中のために祈るというようなことだったと思いますが、そうではなくて、自分を愛と豊かさで満たすことに専念するのです。つまり、自分のために祈るということです。

自分のために祈ることは、内なる神から天へとつながり、そのエネルギーを受け取ってそれを人にシェアしていくことで、より良い生き方の輪が広がっていくということになります。

そして、すべてをジャッジせずに受け止めること、抱きしめることです。

この地上にはいまだに殺戮があります。自国の利益のみ考え、そのために他国を攻撃するという現状もあります。それを批判するのではなく、それも私の中にあるもの、私の一部と思い、抱きしめるのです。地上にあることはすべて共有しているものだからです。それが闇を嫌わず、光で包むということなのです。

ライトワーカーは、この地上でワンネスを体験することも大きな目的です。

あなたは私であり、私はあなたである。もともとはすべてが一つだった。愛も憎しみも背中合わせ。誰が良くて誰が悪いということはない。みんな自分のステージを精いっぱい

青森・奥入瀬渓流―急な流れ、緩やかな流れ、渓流沿いの遊歩道を歩いていると色々なシーンに出会うことができます。

生きているだけ。

私たちライトワーカーは、毒を飲んで自分の身で浄化してクリアにするのではなく、ジャッジせずにただ受け入れる、抱きしめるだけにします。そうすると、毒が入って苦しむことはありません。自分の身で浄化しなければならないと思うから苦しいのです。

これがありのままを受け入れるということ。自分を差し出さないで、自分を生かすことなのです。

第3章

自己犠牲について

1　自己犠牲とは

自己犠牲は、文字通り、自分を犠牲にして他人に尽くすということです。

これにはさまざまな形態があります。まず、これが行われるためには、命令する方とされる方が存在します。上下関係と言います。

たとえば、富《とみ》のあるなし（貧富）がまずあり、ある者がない者に命令をします。ない者は生活していかなければなりませんから、ある者の命令に従って、お金や食べ物を手に入れなければなりません。こうして支配者と被支配者が生まれます。

また、戦争を行う場合、昔だったら国王、今なら政治家が命令する者です。そして本当は嫌だけれども、国を守るため、家族を守るために兵士として戦地に赴く者がいます。

戦えという命令に従います。勝つ方も負ける方も犠牲者は出ますが、負けた方は生きて帰ることよりも、死んで帰る方が名誉だと思うところがあります。それは、自己犠牲は尊いものだとする意識があるからです。

それを現代の企業戦士に例えますと、まるで兵士のようになって会社の命令に従い、結果を出すために働きます。

結果が出ないと自分のせいだと自分を責めます。それはそのように会社側が思わせるということでもあります。支配者というのは、命がつきるまで働いて結果を出せ、と暗に命令しているのです。それに応えるべく、病気になって働けなくなるまで無理をします。それは単に会社の命令に逆らえないからではなく、犠牲になって殉死すればそれで済む、許してもらえる、という意識が無意識レベルであるからです。

自分という存在が、会社組織の歯車の一つ、コマの一つのように思っていて、命のある、血が流れている一人の人間なのだという認識が欠落しているのです。だから自分を大事にできないのです。自分を大事にするとはどんなことなのかを知らないのです。

名誉の戦死が尊いという意識と、うまくいかなかったら自分の死を持って償うという意識があります。

このような考えから強い意志を持って脱却していかなければなりません。私たちはそういった昔々の出来事からの影響を、いまだに受けて生きているということなのです。

これまで数々の過去世リーディングをしてきましたが、自己犠牲の最たるものの象徴として、生贄《いけにえ》、人身御供《ひとみごくう》があります。そのときの魂たちは、自己犠牲になったことを恨んでいるのではなく、供養されなかったことを悲しみ、嘆き、恨んでいます。

自分の存在さえも、生きていたことさえも抹消されるような、そんな仕打ちに怒りを持ち続けているのです。そして今世にはリベンジをするために生まれて来ています。これは集合意識にいまだ浄化されずに残り漂っている意識として、現代を生きる私たちに大きな影響を及ぼしています。

どうしたらクリアにできるかというと、そんなことがあったということをしっかりと認識して、その魂たちのお蔭で今があることを感謝すること。そして、犠牲になった魂の供養をして、神の御許に行かせてあげることが、今を生きている私たちの使命なのだと思うのです。

奇しくも今年（２０１５年）は戦後70年になります。私たちの国土を守るために戦って、命を捧げてくれたたくさんの兵隊さんたちに感謝の気持ちを持ち、さらなるご冥福を祈りたいと思います。

☆自己犠牲は、すればするほど報われない
☆ますます自分の希望から遠ざかる

２　自己犠牲は能力の搾取

生命エネルギーとは、生きて行くための生命力のようなものですが、人生を決定する運のようなものも含まれます。心身の健康もそうですが、人生そのもの、女性が普通に恋愛をして、結婚や妊娠出産をするというような、人生を送る上で使うエネルギーのことです。本来なら自分のために使うことができる神から与えられたエネルギーを、人のために差し出すということです。

そんな大切で清らかなエネルギーは、ぜひとも自分のために使うべきです。能力があり努力したものが当たり前に結果を受け取るためには、自分では努力しようとせず、人を利用して楽をしようとする人に対して、しっかりとノーと言うことが重要です。一人ひとりがコツコツ努力をして得るはずのものを、何もしない人に奪われるのはおかしいことです。

陰の立役者、縁の下の力持ち、という言葉があります。

自分が汗水たらして作り上げたもの、研究したもの、見つけ出したものを誰かや集団のために使うことは尊いことですが、利用するだけ利用され、それに見合った評価や対価や地位や感謝の気持ちが得られず、自分がやったことではなく、仕えているリーダーの手柄にされます。

吸い取られるだけ吸い取られて、何も出て来なくなるとポイッ！と捨てられてしまう——これを能力の搾取と言います。

これは人として認められるということではなく、召使い、奴隷的に扱われているのです。まさに純粋で優しく人のいいエンパスの人が陥りやすい罠《わな》です。

あなたのこれまでの人生で思い当たることはありませんか？

私がよくさせていただくセッションで最も多いのが、「母と娘の関係性」に関するものです。娘が母親に過剰に尽くしてしまう親子関係が多いのです。

母親が自分の人生上の問題や配偶者との関係から来る問題などを、娘の力を借りて乗り越えていこうとするものです。

その際、もちろん母親の方は無自覚ですので、頭を下げて助けてくださいというようなことはありません。むしろ、「あなたのためよ」とか、「あなたのせいで」などと言って何の自覚なしに洗脳します。娘に罪悪感を持たせて、母親から離れられなくするのです。

具体的な例を上げますと、夫や義母の悪口を言って自分の味方につけることや、いつも自分の側において思い通りにするための行動の制限、進路への口出しなどです。

そのような状態が長く続くと、大切な進路の選択の際に、自分の本心からではなく、親のためを重視して選択します。学校選びもそうですし、親元から通えるところに就職したり結婚したりということです。こうして、本来自分のために使うべき生命エネルギーを、母親のために捧げることになります。

母娘の相性がよく、持ちつ持たれつの関係で、それぞれお互いの人生がうまくいっているうちは大丈夫なのですが、問題となるのは、娘の方の心身の健康に影響が出ていたり、仕事や恋愛、結婚生活がうまくいかない場合です。

ずいぶん前になりますが、とても印象的なご相談がありました。

娘さんからのご相談でしたが、親元から離れたところに嫁《とつ》いだけれども、母親が「離婚して地元に帰ってこい」と盛んに言うので困っているというものでした。

ご主人はとても優しくいい人で、かわいいお子さんも一人いて家族をとても大切にする、お仕事も一生懸命な非の打ちどころのない方だそうです。でも、お母さんは何もかもが気に入らなくて、こちらでいい人を見つけてあげるから、すぐにでも帰って来いと言い、言うことを聞かないでいると、お母さんはご主人の職場にまで電話をかけてきて、いつ別れるのか早く別れろと強く迫るのだそうです。

さすがにこれは極端な例ですし、はっきりと断ればいいのに、と誰でも思うかもしれませんが、小さいときから洗脳を受けていると、不思議と断ることができないほどに罪悪感でいっぱいになっています。

「親か夫のどちらが大切か？」と聞かれたら、即答で「夫です」とは言えないのです。もし親の言うとおりにすれば、親のために自分の大切な人生を捧げるということで、大いなる自己犠牲になります。

私はよくみなさんにお伝えするのですが、何でも言うことを聞いていると、そのうちに聞いて当たり前になり、もっともっとと要求がきつくなり、やってもやってもけなされるようになり、ますます傲慢でわがままな母親に育ってしまいます。最後には、手の付けられない老人になってしまい、介護なども大変になりますよ、と。

何よりも、自分の魂を輝かせて生きることができないので、半分死んだような状態で一生を過ごすことになります。

親孝行と親のために生きることはまったく違うのです。親は自分を産んで育ててくれた大切な人ですが、その恩を自分の人生の幸せを捨ててまで返していくことはしなくていいのです。

本当の親孝行とは、自分が真に幸せになっていくことで、その姿を見せることなのです。

アメリカ・セドナ、ベルロック―男性性のエネルギーを出しているといわれている山です。まさに王様のような威厳が感じられます。

3　自分を犠牲にしない奉仕

繊細で純粋な人にとって、自分の能力を差し出してしまう自己犠牲は、本当に今すぐ辞めるべきことです。

では、なぜ自己犠牲をすることがいけないのか、ということですが、それは自分自身の喜びが伴わないからです。

「お互い様」という言葉がありますが、これはやる側とやってもらう側の立場・できることが似ている場合で、お互いが無理なくできる範囲で行うものです。やってもらう側がやってあげる側に対して過度に要求したり、同じようにしてあげられないのにやってもらうばかりというものではありません。

自己犠牲をする場合は、いつも、私が、私だけがやることになっています。

このことをある人の過去世を紹介して説明します。

ずっと奉仕する側でした。古い時代の中東の王室で、身分の高い人の相談役をしていました。占いなども使っていたようです。身分の高い人というのは、自分で細々としたことは面倒なのでやらずに、偉そうにしていて楽して良い思いをしたいというものです。

その人は今世でも、そういう人たちと縁があります。過去世ではそういう人たちに何度も仕えています。

そのことを、召使い的な気質と言います。自分の能力などはあるように見せず、大きくへりくだり、相手に恥や苦痛を味あわせず、自分の苦労は隠してひたすら仕えます。

そのため、相手はそれと気づかず、自分の能力、運のせいでうまく行っていると思わせることになります。

この場合、十分な報酬と賛辞があれば報われるのですが、それはなくやって当然、もっとやりなさいと要求がきつく、いつも追われるように生きていることになります。

そんな記憶が魂の中にあるために、人と接するとどうしても、かしずく人生となってしまいます。人が楽に幸せになるために、自分の生命エネルギーを差し出して捧げる生き方です。そうしないと存在してはいけない、生きてはいられないと思っています。

そしてその生き癖のようなものは、傲慢で怠け者を引き寄せることになります。人の感情の吐け口になり、人の起こした問題の尻拭いをしたり、理不尽な目に遭ったりすることがよくあります。恐れから断れずにそうしていたそうなのです。

そんな召使のような目に合う人へのアドバイスとしては、本人が引き起こしたものは、本人に気づいてもらって解決させないと、ずっと愚かなままになるのだということです。

「そんな愚かな人をあなたは一生面倒を見て生きて行くのですか？」ということです。


それには、こんなことを意識してみましょう。

☆人の顔色をうかがって、自分の考えや行動を左右されない
☆頼まれてもいないのに人を助けない
☆自分の存在価値を高めるために人に過剰に気遣わない
☆尽くす意義、価値のない人に尽くさない
☆自分がやったことへの評価を人に委ねない

４　支配と被支配

自己犠牲が行われる時には、上下関係……支配者と被支配者が存在すると書きましたが、そこをもう少し詳しく説明しましょう。

支配者は自らの存在を誇示するように、実際の自分よりも強く見せようとします。そうしないと人を思うように動かせないし、欲しいものが手に入らないからです。

反対に、被支配者はわざと弱く見せようとします。そう求められていることを知っているし、手っ取り早く欲しいものを得るためには、弱い自分であると認めた方がいいし、何よりも自分には自分を幸せにする能力はない、と思っているからです。

過去世において多くの魂は、度重なる地上での争い・病や天変地異による貧困と飢えを経験しました。それにより、もはや自分一人では自分や家族や部族を守ることはできないと思い知りました。生きて行かなければならないので、弱い立場の者は強い立場の者に従わざるを得ない状況がありました。

このように、人類は力の弱い者がいて、それを利用しようとして、そしてそれによって自分が上に立つ支配者になろうとして、上下関係、支配する者、される者ができ上がったのです。

たまたま豊かな土地を持っていた、たまたま天変地異などの被害に遭わなかった、たまたま強い体を持っていた、そういった優劣が最初からあり、それを、ある者がない者に分け与えるということはありませんでした。それをしてもいつ翻されるか、裏切られるかわからなかったからです。

人間社会にはどうやってもできてしまう強弱、優劣の差。そこをなんとかすることなく、そのままにしてきて、強い者がどんどん勢力を伸ばしていきました。それゆえ、争いが起こったのです。

強さを主張すると奪われる、落とされる、弱くなるとさらに叩かれる、その繰り返しの中で、人々は疲弊してきました。

今生では、生まれた家が優劣の優で、強弱の強であれば、自然と支配する側になりえます。でも、これが逆であった場合、劣から優になろうとするし、弱から強になろうとするでしょう。人間とはそのようなものなのです。

ではどうするか。どちらにも属さないという選択肢があります。

支配されていた者は、支配する方に回ろうとするのではなく、支配する方はもっと強くなろうとすることなく、上下関係自体をやめるのです。弱い方は自分で自分を強く幸せにすることができるように、支配する方も人を支配して富を拡大しようとしないことです。対等、平等な関係性へと進んでいくと決めることです。

真に平等に自分の能力が発揮でき、正当な評価、報酬などが得られることができるように、まず私たち一人ひとりが意識と行動を変えていけば、集合意識に一石を投じることになり、世の中の人々の意識の変化が促されていくでしょう。

アメリカ・セドナのホーリークロスチャペル近くの岩山―この形が聖母マリアが幼子イエスを抱く姿に似ているとされています。

5　リベンジ心を手放す

リベンジ心は、リーディングをしていてよく出てくるキーワードです。日本語の意味としては、「復讐」「報復」「仕返し」となります。怖い言葉ですね。

そのくらい悔しかったことが過去にあったということです。自己犠牲をしていた魂に共通してみられるものです。

たとえば、魂の記憶として、自分の能力を自分のために使えないことがあったとします。それは主従関係の主に当る人に捧げた、あるいは搾取された、ということなのですが、それを時を超えて現代に持ち越していることが多々あるのです。

無念の思いが強ければ強いほど、それはリベンジ心となって、悲願とも言える願いを叶えるべく必死になって生きているのです。

そしてその場合、無意識レベルに実際よりもものすごく困難なことのようにインプットされているのです。

「もしかしたらできないかもしれない」「きっとできないだろう」「できなかったら嫌だ！」「できないのなら、私は何のために生まれてきたのか！」となります。

そして、その願いは執着となります。

意外と簡単にできてしまうことかもしれないのに、魂の記憶が強く残っていて、現代では実現できるようになっていることも、難しいことのように勘違いしているということになります。それが、使命を果たすことや、能力を活かすことや、恋愛や結婚だったりもします。そしてそのリベンジ心は、闘争心にも似ていて、悔しい、負けたくない、勝ちたい、となって、これが意外なことに、その人の人生において大きな障害になるのです。

でも、ひと昔はこれが良い意味での原動力となっていて、やり切れたりもしたのですが、現代のこの大きな変化の時期、そしてエンパスやインディゴチルドレンという特性ゆえ、このリベンジ心は有効に働かないようなのです。

なぜなら、平和、調和を目指しているのですから、勝ちたいという意識は深い意識で不要だと理解しているからです。つまり、古い意識と新しい意識の自分が混在しているので、それを理解して不要な意識を手放していく必要があるのです。

無意識層にリベンジ心を持って生きるのと、それがなく、安心して穏やかな意識で生きるのとでは生きやすさがまったく違ってきます。

ある方の過去世を例にして、さらに解説してみましょう。

仮にお名前をAさんとします。

グループで活動していた職人さんたちの組織がありました。一人の師匠と数人の弟子がいました。作っていたものは陶器などの焼き物です。作業としてやることは他の弟子たちが行っていましたが、Aさんは一人だけ師匠のやることを一手に引き受けていました。

師匠は基本的には何もせず、遊んでいてたまに指示するだけの状況です。その師匠の代わりとなって働いているAさんは、企画、立案、販売、他の弟子たちの指導など多岐にわたります。それだけのことを長年行ってきて、つまり師匠に尽くしてきて、ある日素晴らしい作品ができ上がりました。もちろんそれは師匠の代わりとなって頑張ってきた弟子のAさんの手柄です。でも、その手柄は当然のこととして、師匠がやったことになりました。手柄は渡すことになっても、せめて、「ご苦労さん」というねぎらいの言葉や、「お前のお蔭で」という感謝の言葉や、それに見合った賃金のアップはありませんでした。名誉もお金もすべて師匠のものになりました。

その弟子の過去世の記憶により、Aさんは今世でリベンジ心を持って生まれてきています。そのときの悔しさから、この人生において何が何でも自分が成功することを願っています。人のために尽くすことや奉仕に人生を捧げることに対して、ものすごく抵抗感があります。これは報われなかった思いから来ているものです。

元々は、奉仕的なことを喜びにする魂の持ち主ですから、この状態で生きていくことはとても苦しいことです。それは車のブレーキとアクセルを同時に踏んでいるようなものだからです。

このお話の過去世では、Ａさんはなぜ遊んでばかりいる師匠の代わりを一生懸命行っていたのでしょうか。奉仕的な性質であったから、ということも言えますが、深く探っていくと実は、師匠から認められたい、それによって自分を引き上げてほしいという気持ちが見えてきます。これだけやっているのだから認められて当然だろう、と。

これを下心、または野心と言います。確かにこの師匠はひどすぎますが、この場合は野心が強くあったが故に裏目に出てしまったということになります。

野心があってもうまくいく場合もあります。ただ、この場合は純粋な人であるが故に、今世ではより純粋で高度な奉仕をしていくための学びとして、この記憶を持って生まれて

アメリカ・セドナのホーリークロスチャペル―神聖な岩に調和を保って立てられている教会。

きているのです。

そして、野心を手放して、自分の喜びのために、周りの人の幸せのために尽くしていくことで、過去世の分まで報われることができます。

６　喜びを持って奉仕するために

セッションで、「将来こうなりたいというご希望はありますか？」とお聞きすると、みなさん口をそろえてこうおっしゃいます。

「人の役に立ちたい、人に喜んでもらいたい」と。

優しい方ばかりなのです。でも、それでは自分の喜びはどこにあるか、ということになります。人に喜んでもらったその先です。どうしたら喜ぶだろうか、と一生懸命気遣って精一杯のことをしたとして、その相手は喜んでくれるかもしれませんし、それほどでもないかもしれません。または、うれしそうな顔もせず、もちろん感謝の言葉もなく、むしろこんなものじゃ足りない、もっとやってくれと要求するかもしれません。

このように、人の役に立つ、喜んでもらうということは、意外なことにこちら側の独りよがりな希望なのです。

ここで少し別の角度から説明しましょう。

奉仕のうまい人というのは、あまり人に対して、かわいそうにとか、大変そうだなどと同情心を持ちません。淡々と正確に事務的にこなしていきます。いちいち同情していたら自分の身が持たないということをよく知っているからです。

看護師さんやお医者さんなどはそうですね。人の癒しや治療に関わる場合は、特にマニュアルがありますから、それに従って行っているわけです。ただしその中でも人により、ジンワリと感じる誠実さや優しさなどは伝わります。

それでは、特殊ともいえるほど繊細で敏感で人に対して強い奉仕の精神を持っている人たちが、自分を犠牲にしないで人にも喜んでもらえる奉仕とは、どのようにしたらいいのかということを考えてみましょう。

奉仕の最終目的は、相手のつらく苦しい状態を完全に楽になるまで手助けしてしまうことではなく、ある程度まで関わったらあとは自分で改善できるように、つまり自立できるようにサポートすることです。

自分の心身を差し出して、その代りに人を助けてくださいと祈ることではないのです。自分がつらくなる手前の、無理がかからない程度の手助けをするのです。もっと言うと、自分の身を差し出して相手の苦しみを消そうとするから、どんなに頑張ってもうまくいかないのです。うまくいかないとは、相手が喜んでくれないということです。

実は、助けられる方が喜ぶのは、自分の力でよくなったときなのです。自分の中にそんな力があることを、多くの人は知りません。そこを教えてあげるのが繊細なエンパスの人の役割なのです。

自分の力で物事が解決したとき、それが人にとっての至上の喜びになります。そして人はその先に進もうと思うことができます。その先とは、自分も人を助けられるようになろうとすることです。この、自分で自分を助けることができた喜びを、他の人にも味わってほしいと思うことです。そうやって癒しの輪が広がっていくのです。

その広がっていく様を見たとき、あなたはきっと、生まれてきてよかった！と心の底から思え、喜びというよりも歓喜の気持ちを味わうことができるでしょう。

アメリカ・セドナのベルロック―コートハウスビュート（裁判所という意味）を前にして瞑想しました。

次の章では、エンパスという特性に加え、もう一つ大きな影響を与えている、インディゴチルドレンについて解説していきたいと思います。

☆エンパスは神から渡された才能
☆インディゴは宇宙からのギフト

それらを使ってあなたは何をしますか？

第4章

インディゴチルドレン

1　インディゴチルドレンはなぜ生まれてきたのか

私たちが存在している地球は、今、大きな変化の時期を迎えています。そのことは度重なる自然災害、天変地異が起こっていることからもわかりますし、日本国内外でもここ数年さまざまな出来事がありました。

そんな重要な時期に、その変化をスムーズにするために生まれてきたのが、インディゴチルドレンという進化型の新人類ともいえる魂たちです。

どんな変化をするのかというと、社会的な常識と信じられていたことや、古い世代の価値観を変えて、一人ひとりの個性を大切にして、より自由に楽しく、生きやすくしていくことです。

それを実行するために、とても賢い子供たちが生まれてきています。人間というのは、その時代に合った生き方をするために必要な能力を持って生まれてきています。人に歴史があるように、国にも歴史があります。そして地球にも歴史はあり、もちろん宇宙にも歴史があります。そしてそれらは常に進化していきます。そんな中で今現在の地球は、数千年、数万年単位での大きな変革の時期に来ています。

どんな変化かというと、より高い精神性を持って生きることによって、人々がみな必要なだけの愛と豊かさを持ち、富めるもの貧しいものの差もなくなり、本当の意味で平和な世の中になっていくというものです。そのためには大掛かりな変革が必要になることから、とてもパワフルで優秀な子供たちが生まれてきているのです。それは１９７５年から始まっているといわれています。

彼らはどこがそんなに優秀なのかというと、それは決して目で見てわかるものではなく、愛と豊かさに関してその能力を発揮します。

繰り返しになりますが、普通、愛というと、相手の望むことをする、困っている人を助けることが愛と思われていますが、真実の愛とは、その人が自分で自分を助けることができるように、必要なことをできる範囲でサポートすることなのです。人をまったく苦しませずに一瞬で助けてしまうのではなく、自分で解決できるように導いたり見守ったりすることです。

そして本当の豊かさとは、自分が人よりも多く持つことではなく、自分の身の丈に合った分だけ持って、それを有効に感謝して使うことです。そうするとすべての人に豊かさがいきわたり、不公平が是正されます。豊かさとは、ただたくさんあるからいいのではなく、使いきれるだけのものがいつも滞りなく入って来ることです。

そういった叡智ともいえるようなことが、この子供たちには生まれながらに、魂の奥底にインプットされているのです。そして、親を選んで生まれてくるのですが、魂のレベルで見ていくと、彼らは一つの大きな大霊団としてこの地球に、それこそ翼を持って生まれてきているのです。

これまで家庭や学校、社会での自分の位置づけがわからなかった人には、インディゴチルドレンだからということだけではなくて、どういう特殊性があるのか、ということを理解すると、自分を肯定することができます。

親にも理解されなかった自分があった。常に、自分がおかしいのか、変わっているのかと思いながらずっと生きてきて、だけどそれにはこういう意味があったということがわかって、そのことでそれまでの疑問が解けて、自分が何のために生まれてきて、これからどう生きていくのか、ということが腑に落ちると、元気も湧くし、生きていく希望も湧いてくるのです。

【インディゴの生まれてきた意味と役割】

宇宙と地球をつなぐ架け橋
古い世代と新しい世代をつなぐ
大きな時代の変換を担う
地球のカルマを引き受け、浄化する
新しい生き方を創造する
自らの幸福のみを目的としない
旧態依然とした社会制度を壊し、改め、再構築する
世代間のギャップの解消
超意識とつながって奉仕する
真実の愛の姿を具現化する

これらのために、あえて困難な状況を選んで生まれてくることが多いのです。困難だから悪いとは判断できず、目的によっては、多くの味方（生きている人たち）、サポートする存在（霊的な存在）と約束している人もいます。こう考えると困難さはありがたいものですね。

2　インディゴチルドレンのタイプ別特徴

☆反発タイプ・・・システムバスター

自分というものをしっかりと持っています。自分の考え、思い通りに生きることに徹します。それ以外のことを強いられることを嫌い、もし親や教師からそれを求められると、まるで命を懸けるかのように反発します。人によっては、不登校、ニートという形となって自分の人生の成功はあっさりと手放します。そして、旧来の価値観を強く持つ親の元に生まれ、管理教育をする教師の元に行くような流れを選択します。強い意志を持って社会の矛盾に立ち向かいます。その中で、光の戦士タイプと姫神タイプがあります。

☆光の戦士

このタイプは男女の別なくあります。

世の中の不正、闇などに敏感に反応し、家庭・学校・職場などで出会う、古い考えや価値観で支配しようとする人に真っ向から挑みます。そのため人間関係での摩擦も多く、しなくてもいい苦労を買って出るようなところもあります。孤独感に悩む人も多いです。

ただ、このタイプの人たちのお蔭で、かなりこの世の中の不正は白日の下に晒《さら》されてきて、浄化が進んできました。ですので、もうこのお役目は終わりになってきています。心身を病むほどこのお役目をしてきた人は、もう辞める時です。辞めていいのです。

私自身も不正に敏感だったのですが、そうしていることにかなり疲れてしまった時期があり、そのときに受け取ったメッセージは、

「退役軍人として引退し、あとは後進に譲り、今までの疲れを癒すために養生しなさい」

でした。

驚きましたし、まるでもう前線で戦えないことへの寂しさ、残念な思いを感じましたが、休むことで方向性が大きく変わり楽になったので、よかったと思っています。

永くこの状態でいることは、本当に自分の人生で得られる幸せを放棄してしまいます。それは自己犠牲を伴います。30歳くらいまでこの状態を続けたらもう終わりにして大丈夫です。そして早々にこれまで受けたダメージを癒してください。自分を労わり慰めてから、これからどう生きるかをゆっくり決めてください。トンネルを抜けたときに、進むべき道が見えてくるでしょう。そこには魂のつながりの深い仲間があなたと共に幸せになるのを

待っています。

☆**姫神タイプ**

これは女性なのですが、気位が高いと言いますか、気性が激しく気難しく、それこそお姫様・女王様気質であり、そこに霊的な能力が伴っています。他にはプライドが高い、内と外の顔が違う、自由奔放、器用貧乏などの特徴も人によりますがあります。人の意見にはあまり耳を貸すことなく、自分の意見、感覚、能力をとても大切にします。親や他人に自分のことをけなされると、異常なほどに興奮し、怒り、パニックにもなります。

このタイプの難しいところは、この能力が人に受け入れられるかどうかに掛かっており、特に若いときは経験が少ないこともあり、人から受け入れてもらえないので、人によっては心のバランスを崩すこともあります。要は自分が多くの人を率いたいという願望があるので、目立ちたいし賞賛を得たいのです。

このタイプの人たちがこだわり、大切にしているのは、自身の女性としての美、賢さ、霊能力です。この三つすべての場合もあります。そのためには孤独には特に強くなることが必要で、下積み期間が長くなってもめげないことです。本物として立つための、オリジナルな世界を構築していくことも重要です。基本的には、人に教わり頼るのではなく、自分で研究していくしかありません。自身の天才性をどう生かすか、そしてそれをどう世の中のために役立てるか、またそれによって自分がいかに輝けるか、それがテーマです。

このタイプの幼少時は、親も理解しにくく、育てにくいかもしれませんが、常に何でも自分で決めたいので、口を出さずに見守るしか手はありません。大人になってもそれは続きますが、女性性、女神性を発揮して生きるトップリーダーになる可能性が高いのです。小さいときから多少変わっているので、親が堅実で地味な場合は扱いにくいと思います。

このタイプの子のお母さんは、必ずと言っていいほど、目立ちたい願望を強く持っていて、育って来た過程で親から平凡に生きることを強いられ、内面では反発しながらも、しぶしぶ諦めて言う通りに生きていたということがあります。自分が母親の言うことを聞いて諦めたのだから、あなたも諦めなさいよ、あなただけ勝手は許さない、私と同じ範囲で幸せになりなさいという深い意識にあるものを感じて、それで激しく反発します。お母さん自身が自分の本質に気づき、好きなことをするようになると子供も変わってきます。

☆適応タイプ・・・カウンセラー、調整役

反発タイプの兄弟の中に生まれてきています。和やかな雰囲気を持ち、ユーモアにあふれ、人と人をつなぐ役目をします。

たとえば、両親の仲が良くない場合、間に入って調整役を発揮します。この調整とは、自分が悪者になることもあります。甘えたい・守られたいと望む子供心を捨て、親のため、家族の平和のために身を捧げます。

このタイプの子供は親の思っていることを感覚で見抜いていて、先回りして親の望むことをしようとします。その疲労が思春期か大人になってから出ることが多く、心身のバランスを崩すことがあります。

自分の個性を生かせればいいのですが、人のためにのみ頑張ると自分の個性を見失い、自分が何のために生きていくのかがわからなくなります。自分のためにだけに能力を使うこともしていった方がいいようです。人のためと自分のため、この両輪で生きることが大事です。妖精や精霊のエネルギーを持っていることもあり、可愛らしくアイドル的な要素がある人もいます。

☆新しい女性性を創造し、謳歌するタイプ

女性性に関するカルマを持ち、それをテーマに生きていきます。幼い時に性的な出来事によって傷つく体験をしていることがあります。また、恋愛で傷つくこともあります。自分の女性性を幼い時は親や兄弟に捧げ、長じては異性のために自己犠牲という形で捧げます。このように一度は幼少時、恋愛・結婚で傷つくことを経験しますが、それを超えると一転し、女神として生きる方向に転換していきます。

このようなカルマとは、集合意識の中にある全体的な問題、テーマでもあります。たとえば、結婚後の夫との関わり方、結婚後、出産後の仕事はどうするか、嫁ぎ先、義父母との関わり方、お嫁さんとしての務め、家事と育児と仕事のバランス、それを通してどう生きるか、その中でどう自分の女性としての成長を果たしていくかなど、結婚、妊娠、出産、育児を通して自分を創造していきます。

つまり、ここを経験しないと自分の決めている領域に行けないとも言えます。また、結婚にこだわらない恋愛や別居婚、シングルマザーとして生きることなど、自由な選択により自分の望む女性としての人生を創造していきます。

新しい家族関係、男女関係、夫婦関係の構築を学び実践していきます。

☆アーチストタイプ

アーチストタイプとは、絵、文章、歌、楽器、踊り、演技、映像など、表現できるものを使って自分という個性を表現していく人のことです。アイドル性を持ち合わせている人もいます。

人生の目的が、経済活動で成功するという自己実現ではなく、自己探究と自己創造です。自分の内面を見つめ、霊的成長を果たしながら、そのつど浮かび上がるインスピレーションを元に表現します。つまり、このタイプの表現するものは、商業ベースでこういうものを作ってほしいという依頼に基づくものではなく、自分の感性を磨いてインスピレーションによって創り出すものであり、自由な表現であるのが純粋な意味でのアート……クリエーションです。

反面、持っている能力が特殊なので、活かし方には細心の注意が必要です。それは、直接的に人に受け入れられることを狙うのではなく、広く社会全体を見るような感覚で、人間としての喜びや楽しみ、癒しや平和など、人々に必要なエネルギーを自己表現により流していくようにするといいでしょう。こんな風に、人生の苦しみも喜びに変えて創造していきます。

また、家系、先祖の霊的救済も同時に行っていきますので、このタイプの子が突然産まれたということは、ある意味において神様からのギフトだと理解されたらいいと思います。

☆クリスタルチルドレン

繊細で純粋で感受性の豊かな人たちです。純粋に奉仕をするために生まれてきています。自分の存在が世の中や人類のためになることが喜びです。また調和や融合、平和に対しての感覚に優れ、そうでないものに対して違和感を持ちます。愛に関しても深い叡智を持ち、一生を通じてそれを学び、人々に伝えていきます。

今の10代の子供たちに多いのですが、もっと早く生まれた人の中にもいます。自己を犠牲にする古い生き方を手放し、純粋な奉仕を目指していきます。存在自体が癒しとなります。また霊的な進化をしていくので、クリスタルからレインボーへと目覚め、歩んでいきます。

☆レインボーチルドレン

喜びに基づいて生きていくことを目的にします。はっきりと自分の個性、特性を持ちますが、それは自分の色を持つということでもあります。肉体を持って神の領域に近づいていくという生き方です。これを、インディゴからクリスタル、そしてレインボーへと進化させていきます。

また、ここ数年のうちに生まれてきているレインボーの子は、それぞれ年代別に目的意識を合わせて生まれてきています。最初は親の浄化と教育です。それが済むと今度は、親を奉仕の道へと導きます。子供同士は深い意識レベルでのコミュニケーションが取れていますので、親を通じてご縁をつなぎ、愛と光を拡大していきます。

一人ではできないこと、グループで行うことを魂レベルでのつながりで行います。シャンバラといわれる楽園をこの地上に創ります。

☆スターピープルの特殊タイプ

スターピープルとは、この地球ではない外宇宙から地球の波動を上げるために、自ら志願してやってきた特派員のような役目を持っている人たちのことです。

その多くは銀河連盟という地球を救おうという計画の元に立ちあがっている集合体に所属しています。それはどこかの星にあるというよりも、巨大な宇宙船、宇宙基地のようなところで、モニタリングをしながら守り導いています。またテレパシーのような形での電波を発し、宇宙からの情報と、地球の情報のやり取りを行っています。

特殊タイプに関しては、その人それぞれなので一概に言えませんが、かなり特殊な役割を持つがゆえの特殊な天才性があって、なぜかストップがかかっているような重圧感を感じ、思うように自分を発揮できない苦しさがあり、その天才性を持てあますということです。そのため、通常よりさらに生きにくいのですが、これはまだ条件が整っていないから、活躍できる時期ではないということなのです。出番が来るまでは、今がどんな状況であっても腐らずに、とにかく生きていればいいということです。時期が来れば必ず導かれていきます。

高野山・奥の院—御廟橋の向こう側は聖域とされ、弘法大師空海の御廟があります。

また、仕事から仕事へ、関係性から関係性へと経験することを求めているので成功することなく次に進んでいきます。つまり、さまざまな体験をしようと思って生まれてきているので、あえて成功は求めていません。一つのところに留まると成功してしまい、そうすると新しい体験による成長を止めてしまうからとも言えます。

☆救世ソウル

霊的なリーダーとして多くの人々を救済するお役目を持っている人たちです。そのため、これまでと、これからの人生の中身がかなり特殊です。普通のインディゴよりも悩むことが多く、それも内容が深く広範囲であるということがあります。そうやって広く深く体験をしていくことで、たくさんのことを学んでいきます。

本を読んだり、誰かに聞いただけでは理解できないことが、人生にはたくさんあります。それだけで楽しく生きていける人もたくさんいます。でも、このタイプの人は、それだけでは腑に落ちないので、深く物事の本質を知るために自ら望んで厳しい人生を生きていきます。回り道や無駄な道もたくさん歩きますし、人からの誤解に苦しみ、誰からも理解されない時期もたくさん過ごしていきます。

誰に聞いても教えてくれない、誰にもわからない、自分しかその答えを見つけることはできないという学びを選択しています。そのように自分に負荷を掛けて、より多くのことを学ぼうとしています。それは自分の後に続く、インディゴチルドレンをサポートすることを人生の目的にしているからです。

そうやって苦労していって気づいたこと、悟り、智恵をそのつど出会う人たちに惜しげもなく渡していくことが、その人のその後の人生を光り輝くものにしていきます。

一つの問題を頑張って、頑張って解決したとしても、またすぐ次に、前よりももっと大きな問題がやってきます。そのつど自分の中の闇が浮き上がります。そうやって自分の中にある闇に気づき、クリアにしていくことで、潜在意識から集合意識にまでわたって浄化が浸透し、その結果、多くの人たちを助けることができます。

こういったリーダータイプのインディゴは、救世主の魂を持つインディゴです。

それは、人々の魂を救済し、地球の波動を上げることを目的にしているのです。

ただし、古い時代の救世主ではなく自己犠牲が伴わない形の、まずは自分をクリアにしながら、人生の質を高めていきながら、その苦労も自ら楽しみ、笑い、そうやってたくましく生きていく、地球のお父さん、お母さんのような、そんなタフな生き方をしていくようです。

☆パイオニアインディゴ

ピュアインディゴより早く生まれて来て、インディゴチルドレンをサポートします。こちらは古い意識が強くあるため、浄化や意識の変容に時間がかかります。

普通の生き方を勧める親との対峙、反発しながらも普通を目指して生きざるを得なかったこと、そのための苦労は計り知れないものがあります。普通に生きるという親から受け継いだ価値観を若い人に渡すことはせず、自分のところで止めるということが、重要な役割としてあります。

もう一つの役割は、後から続く若い人たちが生きやすくするための開拓です。一足早く生まれて過酷な環境を生き抜き、そこから経験という知恵を蓄えます。

それはたとえると、荒れ地を耕し畑を作ることや、道なき道を切り拓き新しい道を作るというようなことです。荒れ地にあった切株や大きな石を取り除いて、あとは耕して肥料をやって、種を蒔くだけ、となるまで頑張ります。

しっかりと現実を生き、豊富な社会経験があるため、インディゴチルドレンたちの心強いサポーターです。より進化した生き方を目指して、若い世代の人たちと交流していくので、身も心も常に若々しくいることができます。

☆自閉症とアスペルガー

脳の連絡系統の障害です。脳はいくつもの機能が連携してはじめてバランスの取れた言動になりますが、その連携がうまくいかないと、他人や外的要因とうまくコミュニケーションが取れないので、自分の内側の世界に籠ってしまうのが自閉症です。

両親のどちらかか両方が、一人になりたい、一人が楽という思いがあり、行動にも表れていることがあります。人と人との複雑な関係性から逃れたい、自分の中だけで思い通りに生きたい、という意識があるようです。その意識は親の世代で持ったのではなく、曾祖父母から祖父母、親から子へという世代間の連鎖の問題が関係しています。

霊的に見ると、自閉症とアスペルガーは関係があり、軽度なのがアスペルガーで、これはまだ他者との関係を完全には遮断していませんが、基本的な原因は同じです。

そうやって世代間の連鎖によってＤＮＡレベルに組み込まれているので、何かを変えたからといってすぐに変わるものではありませんが、両親がお互いを理解し合うことから始めていくことが有効です。そして、お互いにとって程よい距離感を持って、付き合っていくことが重要になります。干渉しすぎず、離れすぎず、片方が寂しく不満だったら、自分でそれを満たすように楽しみを見つけながら、徐々に歩み寄れるような関係性を築いていくといいでしょう。

両親の間に程よく愛情が沁み渡っていくにつれて、自閉症のお子さんも愛というものを理解し、機能的なものも少しずつまるで回復するかのように、その子なりに変化し向上していくでしょう。その子なりに満足する自分の世界を作り、その中で生きていくでしょう。

☆コミュニケーションが苦手なタイプ

前述のタイプと少し重なる部分もあります。

自分の気持ちを人に上手く伝えることができにくい人たちは、独自の感覚、考えを持っています。周りの人たちと感覚や考えが違うことを無意識レベルでわかっているので、拒否や否定されることを恐れます。それゆえ緊張感を持っていて、それもあって自分の気持ちをうまく表現できません。不登校児、引きこもりの方に多く見られるかもしれません。

この人たちの深い意識には、勝ち負けや優劣をつけることを嫌い、力の強いものが勝つこと、優位に立てることへの反発心を持っています。そしてそれをひっくり返したいという願いがあり、勝ち負け、優劣のない社会になることを望んでいます。また、言葉によらないコミュニケーションを創造していくことを目指しています。それはフィール（感じること）で理解することを中心にしています。いくら言葉できれいごとを述べても、このタイプの人たちは深い洞察力により真意を見抜きます。自分にとっての真実のみが通じる相手を探していると言えるでしょう。

伊勢神宮・五十鈴川の川霧―この日は早朝に行ったため、幻想的な霧が川面に出ていました。

※これらのタイプは、複数持っていることが多く、どれか一つだけということはありません。また、成長進化と共に一つの特徴が終わり、新たな特徴が現れるということもあります。インディゴとして覚醒してから現れることもあります。

3　インディゴの子供の伝える愛

子供の伝えようとしている愛について説明してみましょう。

子供さんの中では、比較的食物アレルギーを持つ子や喘息の子が多いと思います。アトピーや食物アレルギー、喘息の子供たちというのは、親を心配させたり手をかけさせることになるのですが、そういうお子さんは大抵とても敏感で優しい子供です。親の感情にも敏感で、常にお母さんはどんな気持ちでいるのかをしっかりと感じ取っています。できるだけ機嫌よく、穏やかに楽しく生きていてほしいと願っています。

すべてがそうとは言えませんが、そういった敏感で繊細で優しい子が生まれてくる場合、お母さんも敏感で繊細である場合が多く、自分の親に十分に愛されたという満足感がないまま大人になり、子供を産み育てています。愛に関して不完全感を持ったまま子育てをしていますと、どうやって子供を愛したらいいのかがわかりません。

そして、できるだけ言うことを聞いて手のかからない子が良い子という価値観もあり、アトピーの子のような手のかかる子は敬遠しがちになります。

けれども、関わり方がわかれば、楽に子供に付き合えます。

このアトピーや喘息のお子さんたちは、いつもお母さんに手をかけてほしいと思っています。それは、わがままな心から来ているのではなく、そうやって愛し合うことの楽しさを伝えようとしているのです。

アレルゲンの食べ物を除き、素材の良いものを選び、気を使って丁寧に食事を作る、お部屋を丁寧に掃除しクリーンな環境を整えることなどは、子供にとって、大切にされていると思えるのです。自分に気を使ってくれて、大切にしてくれると感じられるのです。

そうすると子供の内側から愛のエネルギーが噴出し、喜びとなって、たとえば、「ママ、大好き！　ありがとう！」という言葉や、うれしそうな笑顔で返してくれます。それを見て聞いて、子供からの愛を受け取ればいいのです。そうやって幸せな感覚に包まれるのです。これが子供の渡してくれる、愛と癒しのエネルギーです。

このタイプの子供たちは、本当に純粋で、清らかなエネルギーを持っているので、楽しく穏やかな雰囲気、エネルギーに共鳴・調和します。

つまり、アトピーや喘息発作↓ママが困る↓食べ物などに気を使う↓大切にする↓改善する、という流れになります。そして大切にお世話すること↓かわいがること↓愛するこ

静岡・白糸の滝—富士山の裾野にあり、左側の直瀑と右側の細い玉すだれのような美しい滝は、まるで男性異性と女性性を現しているように見えます。

と進んで、親の成長を促しているのです。それは愛する質を上げていくということです。

言い方を変えると、衣食住の充実↓抱きしめる愛↓見守り信じる愛、というように進化して、親に愛のレッスンを教示していることになるのです。

4 インディゴチルドレンの特殊性

物、お金、地位や名誉といった物質主義的な価値観に沿おうとする生き方をすると、持っている能力が生かされません。最初はうまくいっても次第に低調になります。その物質主義的価値観と真逆の、愛と平和的な豊かさへの感覚は素晴らしいものがあります。今現在自覚がなくても、目覚めることができれば湧き上がってきます。

そうやって物質的成功の路線から離れると、シンプルな自分自身が現れます。インディゴチルドレンは意識の集合体としてつながっている部分がありますので、そうなることでよりインディゴとしての使命に沿って生きやすくなってきます。天界、宇宙からのサポートも得られやすくなり、必要な情報や、今、会うべきご縁の人と出会うことがスムーズになります。

また、共感性というエンパシーの使い方がより大切になっていきます。エンパスの霊的な感覚とスターピープルの宇宙からの電波をキャッチするという二つの能力があるため、エンパスの能力が、ある意味邪魔になるようなのです。なぜなら、スターピープルにとっては、宇宙の電波をキャッチすることの方が今は特に重要だからです。だから、その電波をキャッチする能力……感覚と感受性を確立、安定させる必要があります。

電波をキャッチするには、かなりセンシティブである必要があるので、ネガティブな想念により、混乱しがちなエンパシーがあると、感覚を研ぎ澄ましていくことが難しくなります。

混乱しがちなエンパシーとは、他者へ同情すること、他者からの承認を求めることがあるとそうなります。そのため、エンパシーを休ませる必要があるわけです。だから、基本的に一人でいる必要があるのです。

このような、まるでエアポケットに入ったような時期が、結構長い期間続くことがあります。それも宇宙の仲間とのコンタクトを取るためには必要なことなので、頑張って乗り切るしかありません。

これはもうDNAレベルでそうなっている、そうできているとしか言いようがなく、覚醒が進むにつれてそれはより顕著になります。全体の利益のためにしか動けなくなっていくのです。自分の利益だけのために生きることから離れ、自分自身の喜びを元にして他者へ関わっていくこと、これが基本の生き方になります。

5　インディゴチルドレンとして活動するために

インディゴチルドレンとして生きるためには、生まれた年が当てはまっているだけでは、その能力が発動することはありません。しっかりと自分の特性を知って、その通りに生きていくためには手放すことや改めることがあります。

もともと持っているものは純粋で透明なのですが、生まれた家、親、学校、社会の影響で、見えにくくなっています。これまで出会った方々から感じ取ったことで必要なことを箇条書きしてみます。

①知的好奇心を持つ

子供のようなピュアな気持ちになり、興味を持ったことに果敢にチャレンジすること。この子供心を思い出すことはとても大切なことです。ここに覚醒の鍵があります。

子供の時に親から否定されていたとしても、大人になっていれば可能なことがたくさんあります。子供のころあなたはどんなことをしているときが楽しかったですか？　それを思い出したら、失敗を恐れず行動していきましょう。子供のように単純に知ろうとすることは、自分の知性を育てます。

②素直さが大事

スムーズに変化・変容していく人は、人から言われたことを割と単純に信じます。信じて裏切られることもあるのですが、それはそれで学びになります。人を信じようとする素直な心は、調和しやすく成長を促します。葛藤が強いのがインディゴチルドレンなのですが、そのことで足踏みするのはもうやめにしてください。これからはもっと軽やかに進んでいっていいのです。

③人をしつこく恨まない

生育過程で辛いこと、思い通りにならなかったことが多々あると思います。それでも、そのことをいつまでも引きずらないことです。よくあるのは、親から可愛がってもらっていないから、私は一人前の人間として社会で通用しないという思い込みです。

そして、自分がこうなのは親のせいだとして恨み続けます。そのことが現在の問題の原因にもなっていて、あなたの成長を妨げていることに気づいてください。それを糧にするくらいの気概を持てば、たいていの障害はたやすく乗り越えることができます。

④怒りを逃す、手放す

怒りとは、過去に起こったことに対して執着しているということです。怒りは相手に向けているようで、実は自分を攻撃しています。そのことが頭の中で繰り返し浮かびますので、そのつど新しい怒りが生まれ、永遠のループに陥ります。

インディゴチルドレンの特徴に、「こだわる」ということがあります。それが好きなことでポジティブなものだと成長進化につながるのですが、ネガティブなものだと逆にいつまでもそこに留まって進めない、ということになります。怒りにとらわれるということです。

⑤ドライ＆クールに過去を手放す

手放すためには、ドライ＆クールになることをお勧めします。ポジティブなことにはある程度ウエットになってもいいと思うのですが、ネガティブなことはできるだけ記憶に留めない方が楽に生きることができます。自分の人生を振り返って、良くなかったなどと判定せず、それも必要な学びでそれがあって今の自分がいると受け入れてみます。自分の記憶の中に楽しいことを入れておくか、怒りの記憶を入れておくかで大きく変わってきます。まさに記憶の断舎離《だんしゃり》です。

⑥行動力・・・失敗を恐れず動いてみる

怒りと共に不要なものが恐れです。恐れは、過去の失敗・不幸な体験から来ているのですが、それがあると無意識に、失敗しないように、不幸にならないようにと行動することになります。ネガティブを否定してもポジティブにはならないので、うまく行くように、幸せになるようにとはっきりと意図してみましょう。

恐れが和らぐと、思うように動きやすくなります。

⑦物事を小さく見ないで、大きく宇宙意識になって見る

物事がうまくいかないとき、停滞しているときは、意外と物事をフォーカスしていることがあります。そして、取り返しのつかない失敗をしてしまったかのように悲観してしまうのです。

私たちの人生は、宇宙の時間の中ではほんの一瞬のことです。今は辛いことも、数年後には嘘のようにきれいに消えています。そういった長いスパンで見る、物事を拡大してみる、もっと言うと、地球を宇宙から見てみるというようなことです。

⑧何事もバランス、調和を大切に考え行動する

他人との関係性の前に、まず自分の内的な調和を試みてください。他人とうまくいかないということは、意外にも自分の中での調和がとれていないからといえます。これを自己認識の歪みといいます。体力や能力以上のことをやらない、イヤなことを我慢してやらない、というのもバランスを取ることです。まずは自分の中でバランスが取れたら、人に対してもうまく接することができます。

⑨攻撃性、闘争心を捨てる、競争・比較をやめる

男性はもちろん、女性であっても、勝ちたいという意識を強く持っています。もし意識していなくても、人と比べて劣っていると感じていたら、それは勝ち負けにこだわるところがあるということになります。そして無意識のところで自分を過剰に守ります。守ると

いうことも消極的な攻撃性なのです。

⑩自分を過大評価、過小評価をしない、等身大の自分で生きる

なんとなく記憶の中に、自分がこの地球に生まれて来てやるべきことがあることを知っています。自分が何かを成せるだけの存在である、という自分を過大に評価するところと、それが伴わない現実とのギャップがあり、そこからくるコンプレックスがあります。そのギャップを埋めることが必要です。自分の優れているところと、まだ未熟なところ、その両面を知っていることが大切です。

⑪現実に即して生きる

現実主義だと思っているかもしれませんが、意外と現実を見ていません。逃避の傾向にあると言えます。仕事のこと、お金のこと、または人生のこと、恋愛、結婚のことなど、悩む割には現実的な努力を怠っています。スピリチュアルで何とかしようとするだけでなく、まずは現実的な視点から物事を直視することが大事です。それはまた、今あるものに感謝して生きるということでもあります。

⑫親からの影響を完全に消す

進化したインディゴチルドレンは、親からの過剰な干渉、コントロール、または母子間の共依存があると、自分の生き方も特殊な能力も発揮できません。自分本来の感覚が狂ってしまうからです。親から受け継いでいる古い価値観をそっくりそのまま手放すことが急務です。

⑬共感する対象を人ではなく、自然や宇宙や神にする

人に対して共感性を使うと疲弊する人は、愛のレベルの違いにより同情という愛のレベルを使ってしまい、誤作動が起こるとともにお互いの成長を妨げることになります。

心のバランスを取るためには、自然と宇宙に今までよりももっと意識を向けてみてください。青い空や白い雲、太陽の光のまぶしさ、月や星の輝き、木々や草花を見たり、山や川を眺めたり、そんな自然との交流の中で感性が育ち、感情も安定します。

6　インディゴチルドレンの人生の流れ

大きく分けて、二つの流れがあります。

一つは、自分と似た意識と能力を持つ親の元に生まれてきていること。もしくは、親との契約で、早い時期に世に出る必要がある人は、幼いころから親に能力を認められ伸ばしてもらうべく協力を得ることができます。芸能界、音楽・美術系、スポーツ選手などは早く世に出る必要があり、若い時期にしかできないことでもあるので、こういう流れになります。

もう一つは、親と真逆の意識と能力で、また自分の良さをまったく認めてもらえない環境に生まれます。たとえば、アーチスト系の魂を持っているのに、固い職業の親の元に生まれてしまうとか。そんな場合は、真逆な生き方を経験し、そこから自力で自分の道を切り拓いていく、その経験が重要である場合があります。結果が出てくるまでには時間がかかりますが、大器晩成型と思ってのんびり生きていきましょう。

一人ひとりにある目的使命を果たせる時期は必ずやってきます。

また、多くのインディゴチルドレンに見られることですが、幼少期から思春期まで、または学生時代までの生き方を一度覆すようなことをするため、多くは社会人になってウツになり、引きこもるか、それに近い状態になることがあります。それはインディゴチルドレンとして生まれ変わる前のサナギのような状態だと思ってください。クラスメイトたちは、みな社会で働いていて、生き生きしているように見え、なぜ自分だけがと思うかもしれませんが、その時期は霊的成長のために必要な学びの時期です。生まれ変わりのための浄化の時期です。

そんな時期は、焦らずゆったりと過ごしてください。将来を悲観するかもしれませんが、焦って働きに出てもうまくいきません。親からもプレッシャーをかけられるかもしれませんが、何とかそれに耐えてください。もうどうやっても動けない時期だと思って、ただただ腐らずに生きていてください。

心理カウンセリングに通うのもいいと思います。自分を見つめる学びをするのに適している時期です。スピリチュアルな学びも、ヒーリング・セラピーも有効ではあるのですが、それによって急激に状況が変わるということはないでしょう。あくまでも自分を理解するためにという目的の元に、淡々と行っていくことです。その人にとっての活動の時期が来ると、それはまるで長く暗いトンネルから出たかのように明るい陽が差すような瞬間が必ずやってきます。

トンネルの時期を長く過ごす人たちは、企業などで働いて自分を見失わないため、ということを目的にしています。ですから、重要なことは、何になるかではなく、何をして生きるか、ということです。言い換えれば、どんな職業に就くかではなく、何をして自分らしく生きるかなのです。

繰り返しになりますが、インディゴチルドレンにとって最も大切なのは、喜びに基づいて生きることですから、経済的安定や地位名誉のために、合わないこと、喜びが伴わないことを我慢して一生を捧げることはありません。どんな道でも苦労はあるものですが、先に喜びが待っていると思えるかどうかが重要です。


繊細な人々、エンパスという特殊な能力がある人たち、そしてインディゴチルドレンと書いてきました。それらは現代の若者・特に女性に多い特性といえます。

私のところには、まず、インディゴチルドレンというキーワードで検索してこられる方がほとんどなのですが、お話を聞いているとエンパスとしての生き方をお伝えすることとインディゴの特殊性をお伝えして、これまで抱えてきた謎のほぼすべてが解けるようです。

ですから、繊細で感受性が強い人たちの中のインディゴチルドレンという特殊性が目覚めることで加味されて、自分の持つ魂が輝き、世の中の役にも立つという生き方をしていくことができるのだと思います。

そしてもう一つ大切なことがあります。それは女性性を開放し、輝かせて生きること、女神として生きることです。前著の『女神として輝くための8章』でも書きましたが、今回はさらに発展させて書いてみたいと思います。

東京・西新井大師の藤棚―毎年４月にご祈祷していただきに行く際、この藤の花がいつも満開で迎えてくれます。

第5章

女性性を高めて
女神として生きる

1 現代の巫女《みこ》

昔々はどの地方にも、どんな小さな村にも巫女さんはいました。それは神社というよりも、祖霊を祀っていたり、自然の中（山、岩、洞窟、古木、滝など）に神を感じて、それをお祀りし、信仰していました。そして神の言葉を降ろす巫女がいました。つまり、その巫女さんが、その地域、村を浄める役割も同時にしていたのです。言葉を降ろすだけが巫女の仕事ではなく、村の土地の浄化、人々の想念の浄化もしていました。今はそういう仕組みはありませんし、そういう役目もありません。

神社の巫女さんは、お札やお守りを売っています。ただ、今現在でも、結婚式などで巫女舞をする巫女さんも、訪れた先の神社で見たことがあります。

さて、エンパスのかなり特殊で敏感なタイプの、私が日ごろご縁をいただいている方々が、この現代の巫女さんの役割をしているのではないかと気づきました。

誰にも頼まれず、お礼もされず、生まれたと同時に行われていく、まずは両親の浄化、家族間の調整役。これこそが巫女のお役目と言わずして、なんだというのでしょうか！

京都・平安神宮の枝垂れ桜―この日は雨天でしたが、
池と社殿と桜の競演という素晴らしさに魅了されました。

繊細さが過度になって過敏になると、心身の不調和を起こします。また、何がつらいかといって、心身の不調和よりも、一番大切に思うからこそ奉仕している母親からの無理解につきます。これが一番報われない、傷つく原因です。傷つくを通り越して絶望です。

中には学校に行くどころではなくなり、もちろん社会にも出られなくなり、引き籠ることもあります。これ以上、この状態を続けることはできない、ぎりぎりのところまで来ている方が多くいます。

でも、この頃感じるのは、夜明けの時が近づいてきている！　ということです。

真っ暗なときを通り過ぎて、今はまだ少し先ですが、明るい一筋の光が差してきているのが見えて来ているように感じるのです。それは自己犠牲をしていたことに気づき、これからは自分の喜びに基づいて生きるのだ、と決断することで変化していくのです。

2　巫女の歴史と女性の意識

古代からの巫女の歴史をひもとくと、なかにはひどい亡くなり方をした巫女があります。現代の巫女さんたちは、それを浄化するという霊的な目的があります。この人生で追体験をしながらそれを浄化し、乗り越えて、次のステップに進むというようになっています。

ここでいう巫女さんとは、日本だけの巫女さんではなく地球全体の歴史上の、巫女的（神に仕える、つながるお仕事）な女性すべてのことです。

巫女の魂を持つものは、すべての女性が持つ特徴を強調して持っています。なぜなら、昔の女性の社会進出や活躍はここから始まっているからです。当時はそれがある意味で女性の出世の道となり、それ以外は家事や農業しかありませんでした。

その昔、男性は女性の中に神性を見て、それは自分では得られないと気づいたので、女性を自分のものにすることで神の力を得られると思いました。

女性が神とつながり、神のような存在であると、男性の言うことを聞かせにくいので、昔の巫女さんたちは、神官や時の権力者により辱《はずかし》められるという、屈辱を受けた体験をしています。このやり方は巫女さんから神性を奪い取るやり方です。そのため、このことが深い罪悪感となり、自己犠牲をする魂の癖の原型となっています。

いくら自ら望んでしたわけではなくても、神に仕える身でありながら男性とそのような行為をしたことを恥じているのです。そしてこのことは現代の女性の心の中に、性とは恥ずかしいもの、隠さなければならないものというようにインプットされています。

この魂の多くはまだ少女だったので、性的虐待と同時に少女の可愛らしさや純真さも奪われ、穢されました。そのため、より強く男性への恐怖心や嫌悪感になっています。

そしてそこから、強迫観念……男性に逆らってはいけない、男性の機嫌を損ねてはならない、先に先にと気遣って行かなければならないとつながっていきます。

そういう巫女さんの意識が集合意識にあることから、現代の女性全体の意識にも大きな影響を及ぼしていて、男性と女性との関係にも影響を及ぼしています。性といういちばん深く弱いところをつかまれてしまった、ということです。

現代の女性の中で、あまり男性から愛されたいと思わない、またはそのことを怖いと感じるのは、この時の記憶から来ています。愛を受け取れないのです。

千葉・一ノ宮海岸―玉前神社から少し行ったところにある海岸で、私のお気に入りのリトリート場所です。

男性性の中に潜む闇の意識に操られていたことに気づき、女性たちが自分の意思で女性の性を使えるようになることが重要です。受け身の性、産む性があるが故、女性が女性らしく自由に生きることが難しかったわけですが、自分の性を含む女性としての人生を、男性に委ねない、捧げない、差し出さないということを意識してみてください。

3　女性性を虐げている男性の集合意識にある「驕《おご》り・昂《たかぶ》り」

男性は普段無口ですし、何を考えているかわかりにくいのですが、時折見せる冷たく怖い雰囲気は、次のことを語っています。集合意識レベルから無言の圧力です。またそれは同時に女性の中の男性性にもあり、自分が女性性に基づいて生きることを止めています。

①男尊女卑

男はいるだけで偉いと思っている。女は男のお蔭で生きていられるのだ。だから男に感謝して尽くすべきだ。俺はひとりでだって生きられるが、女はできないだろう？　だから黙って頭を下げて頼っていればいいのだ。

②男を立てるべき

妻たるもの、常に夫の立場を考えて行動すべきだ。夫に恥をかかせることなく、家事も育児も親戚近所との付き合いも、なんでもソツなくこなし、人様から感心されるように尽くしてほしい。夫を立てるとはそういうことだ。お前の恥は私の恥だ、お前の手柄は私のものだ。

③女の話、意見は聞きたくない

自分の意見だけがすべて正しい。愛よりも力が大事だ。愛を大切にしても成功はできないし、権力も維持できない。だから無理をしてでも私に献身的に尽くしてほしい。そうやって若いときは遊ばず頑張って、年を取ってから楽になって行くものだ。

昔、男の子が育てられるとき、家の後継ぎとしてという考え方に基づいていました。それは個としての人間ではなく、家を守り継続させる（生き残る、勝ち残る）ための家の道具的な考えです。そのためにおだてられ甘やかされたので、人として大切な心、思いやりといった情緒を大切にするところは育てられませんでした。そのため平坦で非情(クール)な男性性が育つことになります。

男性性に共通しているのが、最高の結果を出すためにまず象徴的なものを形成し、それから中身を入れるという考え方があります。大きな箱モノをとりあえず作れば、外見が整うという考え方です。そのために意外と中身はお粗末である場合があります。その中で女性性を使うので、女性が動きやすいものではなく、結果も出にくくなりますが、その原因が男性のやり方にあるとは気づかず、女性を責めるだけになりますので、女性性の良さを阻害することになり、大切なものを失ってしまいます。

女性性にとって、それらはとても窮屈で一緒にいて息苦しいと感じます。男の沽券につき合わされ、自分の考え感覚が生かせません。

立派でいなければと思うなら、自分一人でやるべきで、女性性にそれを強要すべきではありません。女性性の良さは、緩やかで穏やかで楽しく生きる中で溢れ出てくるのです。人生は大きな結果を残すためだけにあるのではなく、穏やかに楽しむためにあるのです。

もう一つ、女性性の象徴である「美」意識があります。これに関しても男性側からの女性に望む美の価値観の押し付けがあり、それに翻弄されていた女性たちの歴史があります。たとえば、ハーレム、日本でいう大奥など、男性側から望む女性の美しさを要求し、そこに女性が応えることがありました。男性からどうやったら好かれるか、求められるかという、自分自身の好み、感性に基づくものではない、男性からの承認を得るための「美」です。そういう男性側からの欲求・価値観・好みに合わせるのではない、女性側から創り

伊勢神宮・倭姫宮—人出の多い外宮・内宮とは違い、ひっそりとしていてホッと落ち着くところです。

上げていく、自分にとって楽に表現できる女性性の心地よいものを引き出して、磨き上げ、独自の個性を発揮していくこと。男性の評価を受け入れない確固たる態度、強さを持ちながらもしなやかに明るく生きていくという生き方がこれからは重要になっていきます。

しかし今の若い世代の女性は、それを実践し謳歌しています。清楚さではない大胆さとか奇抜さとか、セクシーではなくカジュアルなもの、など古い世代の女性には理解できないファッション、メイクなどは称賛に値します。女性の美は、女性によって提案し創造されるべきです。

また、遠い過去において繰り返された戦争の、これは表立った理由ではなく、影の理由になりますが、なぜ、そのように戦争をして孤児を増やし、女子までも奴隷のようにして女性性を破壊しようとしたのか。

一つは人口が増えると政治家側である支配者による統治が難しくなるからです。それで戦争をして人口を減らすということをしました。

女性が元気だと子供をたくさん産むので、そうすると食べ物が足りなくなり、政策が追いつかなくて困ることになる、それで女性性を虐げたということです。

万が一産んでも、女性性が傷つき弱っているから、元気な子は産まれないだろうし、支配者に逆らわないで、ただ言うことを聞いて働くだろうと思ったようです。

これらの事柄が集合意識の中にあり、多くの女性たちが女性性を発揮しにくい要因になっているのです。

4　男性性と女性性の統合

このことは前著でも書きましたが、また新たにわかってきたことがあります。

女性にも男性性はあり、そのもう一つの意識が今の考え方や行動に大きな影響を及ぼしています。でもそのほとんどは無意識で行われています。

女性は女性らしく、そんな意識が根強くあると思います。その意識を持ちながら社会に出て、まだまだ男性性中心である社会で生きています。

多くの人が、自分の性についての理解に苦しんでいます。女性なのに女性らしくないとか、男性なのに女性のようだとか、女は女らしく、男は男らしくといった片面から性を理解しようとしています。それは女性でいうと、男性性を封じ込めているからです。

どれが男性性から来ているのか、またどれが自分の女性性なのかがわからないのです。そのため、ただただ女性らしく生きなければと、男性っぽいところを隠し、消し、封印することになります。

そのように封印された状態で生きることは、男性性を暴走させることにもなります。

では、その男性的な部分は、なぜ持っているのでしょうか。

それは、一人の人間の中で男性と女性がいて一つだからです。女性として生まれてきて、女性側から男性を理解して愛して一つになるためです。そのために、女性でありながらも、男性性と女性性の両方をバランスよく使って生きることで、どちらもの性を理解することができます。

これまで自分が女性として生きる中で、また男性からより愛されるために足りないと思っていたものは、すべて自分の中に完璧な形で持っているということです。そして、自分の女性性を一番理解しているのは、自分の中の男性性だったということでもあります。

これは自分の中で男性性と女性性が統合されれば、もともと内側にあるのだから、外側に理想とする人が現れるということです。

他のだれかに求めなくても自分の中に自分が一番欲しい、求めている男性性があります。それなのに、それを封印して他に求めようとするから、チグハグでバラバラな感じがするのです。それはまるで、相思相愛の者同士が背中合わせになっていて、お互いを見失っているかのようです。自分の複雑な女心は、自分の男性性が一番よく理解できるはずです。

ですから自分の中に確かにある男性性に気づき大切にしてみてください。それはまるで、自分の中で自分と自分が恋愛するようであり、自分の中にツインソウルがいるような感じになるでしょう。

まず、すべては自分の中にあることに気づき、受け入れることです。そうして統合され自分なりの完全な状態になります。それが「女神となる」ということで、他者に慈悲、慈愛の気持ちを持って接することができるようになるのです。

今年になり、不思議な導きとご協力いただいたクライアントさんたちのお蔭で、「男性性と女性性の統合」というヒーリングを開発することができて公開しました。そこからわかったことは、男性性と女性性のそれぞれにあるキャラクターです。

その例を少しご紹介します。

男性性が活動的な性質を持っていて、女性性がその正反対で控えめでおとなしいケースがあります。男性ですから、軍人とか革命家、冒険家、格闘家などになります。女性性はただただ勝手な夫に尽くすだけの忍従の妻です。この正反対な場合は、男性性の言いなりになりやすくバランスを取るのが難しいので、自分の個性を生かしにくい人生になりがちです。

また、女性性が巫女などで霊性が高いのに、男性性が商人や実業家、官吏など現実的なことを重要視するものであると、これもまた自分の能力を生かしにくい人生になります。元は女性なのですから、女性性のキャラクターを男性性がサポートするという力加減が望ましいのです。

さらに男性性自体が傷ついている場合があります。

たとえば、戦場で多くの人を殺し、後悔している場合、または、革命を起こしたけれども失敗して、自分が率いていた人たちまでも皆殺しに遭ったこと。そこから男性としての自信を完全に喪失しています。その際には心優しい女性性が付いているのですが、一人では慰めきれずに途方に暮れている状態だったりもします。

この場合は、男性性の自信を取り戻すヒーリングが必要ですが、まずは女性性が自分のやりたいことを見つけて、女性性を喜ばすことが重要なカギになります。いつまでも男性性の慰め役として生きないということです。

これら男性性と女性性のバランスが取れていないことが、結婚したい気はあるけれどもご縁がない、積極的に婚活できない、結婚してもうまくいかないということの原因になるようです。

ちなみに私の場合ですが、男性性が世話人、女性性がシャーマンです。女性性は自然とのつながりが深く、静かに自分のペースで生きていきたいのですが、男性性が人を助けて喜ばれたい慈善家的な意識があるため、それに女性性の良いところが振り回されます。否が応でも表に出されてしまい疲れてしまうからです。それでも、世話人的気質は良い部分でもありますし、それがあって私であると思っています。

大事なことは男性性の言いなりにならないことと、自分のペースを大事にして行動することでしょう。

5　現代の巫女としてのこれから

自分の生き方そのもの、存在そのものが、人の助けや癒しになればいいなと思ったことはありませんか。ただ、前の章でも書いた通り、これまでのような自己犠牲をやめることが先決です。自己犠牲をやめ、女性としての喜びを探求していくことが大事です。自分自身の持つ、優しさと思いやりという愛、優れた感性という霊能力を生かすためには、何度も書いていますが、人のことよりもまずは自分を喜ばせることです。

女性性を生かして生きることとは、受動的であるということなのですが、それはある種の恐怖心を伴います。受け身なゆえに怖い思い、嫌な思いをたくさんしてきたという女性の歴史があります。

けれども、受け身であるということは、巫女にとっては一番得意な、神の存在を信じつながることでもあります。神とつながるということは、自分から何かを得ることではありません。信じて待ち、与えられるものを受け取る、ということなのです。そしてその関係には、自分と神との一対一の信頼関係が基本となりますが、そこにこれからは、人に伝えていくという奉仕が加わってきます。それはまた、自分だけの手柄にすることではなく、みんなで共有するという意識の元に循環という形を取ります。循環したものは巡り巡ってきて、形を変えて自分に必要な豊かさになって与えられます。

２０１２年にアメリカのシャスタというパワースポットに行ったときに受け取ったメッセージを紹介しましょう。

シャスタ山の５合目にあるパンサーメドウズという神聖なお花畑の奥の泉で、瞑想中に浮かびました。ネイティブアメリカンの聖地です。

自分の内側から湧きあがってくるものを流していくと流れができる
その流れていく先は、その時々で許可される方向に流れていけばいい
自分で思うような方向を作り出そうと思わない
そうすれば自然と流れができていく
そうすれば自然と花が咲き、動物も集まり、楽園ができていく
楽園は作り上げようと思わなくてもいい

解説しますと、楽園とは、いろいろなものにたとえられます。理想郷みたいなものです。

自分が求める、欲しい幸せです。言葉の中に、花と動物がありますが、花は実が成るものなので、豊かさ……お金などの物質的なものといえます。そして動物が集まるとは、人との縁とも取れます。集まれば愛も生まれます。

それらを得ようとして、こうなるようにと自分で操作しないということ。

ハートから湧き上がるシンプルな思いを大切にして、その思いのままに進んでいく。その際に自然と方向性が生まれてくるのでそれに合わせていく。逆らわないとも言えます。

この言葉から感じてみると、素敵で、壮大な光景がイメージできました。

泉の周りに花が咲き、動物が集まれば、つまり、自分の思い、感性に忠実に生きれば、その思い（波動）に反応して人々が集まってくる。そうするとそれが一つの集合体になってそのエネルギーが膨らんでいくかのように街ができ、地域ができる……それはまるでこの泉が愛と豊かさという大河となって、町や畑や人や植物・動物を潤し、海へと流れていく、それが地球の平和にもつながっていくような、そういうイメージです。

また、こんな解釈もできます。

京都・平安神宮の枝垂れ桜―御神殿を取り囲むように四つの庭からなっているなかの桜の小道

人の幸せのために生きたいと願う私たちは、その願いを神に委ねて、あとは自分が何とかしようと思わないことです。肩の力を抜いて生きるということでもあります。

私たち一人ひとりが神につながっているなら、自分のハートからの想いを湧き上るままに溢れさせれば、それに共感する人が集まって来て、つながり、広がり、深め合っていくことができるのでしょう。

人と人が出会い、愛が生まれ、調和していく、それは生まれる前から私たちの中、DNAに組み込まれているので、ただそれを思い出せばいいのです。

6　女神として生きる

◇女神の法則

①自分の中の二極性を統合する

自分の中の二極を統合をすることで、女神となります。

愛と光を通すエネルギーのパイプがクリアになり、神殿のようになります。そうなってから、世界平和のため、人のために祈り尽くすことができます（エネルギーのパイプとは、潜在意識と顕在意識をつなぐ通路のようなもので、天と地と自分自身をつなぐパイプのようなものとご理解ください）。

二極とは、光と闇、男性性と女性性、大人の心と子供の心などです。誰でも自分の中に光と影、陰陽など相反するものがあります。二つあって自分であるからです。気づかないでいると、それを封じ込めてしまい、なかったことにして生きていることになります。それを分離している状態といいます。予期せず心外なことが起こるのはそのためです。

自分の意識の裏側にあるものを見て理解して受け入れることで、人間として、女性としての幅が広がり、他人のことも受容しやすくなります。

②人に手柄を譲る

自分で頑張るというのが、人として魂の成長のための当たり前の常識としてあるのですが、それをクリアした先の女神として生きることを目指すためには、自分は何もしない、人に任せる、人に助けてもらう、人によって上げてもらうということが必須条件です。

自分の能力にいつまでもこだわっていれば、手柄を人に渡さず、自分だけのものにするということになってしまいます。

自分で頑張ることをマックスまでやってしまうと、もうその先はどんなに頑張ってもうまくいかないようです。何もしない、人に任せる、人が育つのを待つ、黙って見守るということをすると、「女神の対応」(周りから女神として扱われる)が行われます。

③母性愛と父性愛の両方を併せ持つ

母性とは、側にいて抱きしめる愛です。父性とは、少し離れて見守る愛、信じて待つ愛です。女神はその両方をバランスよく使い分けますが、基本のスタンスは女性性です。統合されている女性性は母性と父性の両方を併せ持ちます。

そうやって、感情が安定すると、言葉を言葉のみで判断せず、その中に込められている想いも感じ取ることができます。それは頼まれてもいないのに先回りして気遣いするというのとは違います。

安定した女性性のエネルギーで自分自身が動くようになると、ハートと第一、第二チャクラが連動して、直感も働き全身が感応して、自分に必要なエネルギーかどうかがわかります。つまり、合う、合わないがわかりやすくなるのです。

このことから、何もしなくてもそこにいるだけで、共感、共鳴、共振しやすくなり、自分と相手、多くの人の波動を上げることができるのです。

④シンクロと愛のコラボレーションを起こす

自分の内側をクリアにして、内なる神とつながって無意識レベルを大切にして生きていくと、その流れ導きの中で自然とでき上がるものがあります。それは自分で何とかしようとして創り上げるものよりも、凄まじいまでのシンクロが巻き起こったもので、愛のコラボレーションが起るもの。これがいわゆる神業、女神業なのですが、それを実践することにより、まずは自分が、そして共感した人が続いてそれを広めていくことです。

頭で考えずに無意識（直観）で選択して生きていくことは、ある意味では怖いことです。自分と神との関係を信じることであり、心身と人生もすべて預けることであるからです。それは神が与えてくれたもの、ご縁もすべてそのまま受け入れることですから、旧来の考え方によれば、恐怖心を抱いてしまいます。

神が与えてくれたものを、そうですかと素直に受け入れて、そうやって流していくこと。流したものは巡り巡って、また戻ってくるのですが、そうやって還ってきたものを、また喜びを持って受け取っていくこと。そこに真の喜びがあるのだと思います。

私たちは、「自分で」をいかにクリアに手放せるかにかかっているのだと思います。「自分で」で作り上げたものは自己満足です。それは山の上にたった一本だけ高く木がそびえている状態です。私たちが創りたいものは、林であり森なのです。多くの木々が調和して育って森になります。森にはたくさん実がなり、動物が集まります。

そんな世界を築いていきたいと願っているのです。

第6章

愛する能力を高めるためのレッスン

1　反対側を見て足りないところを育てる

女性なら父性愛……離れて見守る愛を実践してみてください。

男性なら母性愛……抱きしめて愛する愛を実践してみてください。

この場合、女性であっても、今まであまり人に対してわかりやすい言動をしてこなかった方にも言えることです。

要は、女性であっても男性であっても、今までと逆のことにチャレンジしてみるといいということです。また、男性はどうしても自分の気持ちを素直に表現することが得意ではなく、愛がないわけではないのに、人に自分の本当の気持ちを伝えることがスムーズにできません。まずはここをしっかりと行ってからこの先に進むことができます。

側にいて抱きしめる愛を達成できたら、今度は離れて見守る愛に移行することができます。多くの方がここでストップしています。次のレベルに行くときなのだ、ということに気づきにくく、今やっていることから原因を探り改めようとします。

今現在、これらのことを十分にやっていて、それでもうまくいかない、何だか頭打ちのような感じがするなら、それは「次の学びに移りなさい」ということです。女性であるなら、相手から少し離れてみることでいろいろなことに気づけ、相手は自分からいろいろなことができるようになるかもしれません（相手とはこの場合、親、恋人、夫、子供、友人などです）。

これで自分の中に確固とした基盤ができ、精神的にかなり安定します。

もう少し補足して説明しましょう。

もし抵抗がなければ、自分の中の男性性をイエスキリストなど、男性の神様をイメージしてみることです。女性性は聖母マリアをイメージして、常に側についていてくれると思ってみてください。

日本の神様や仏教の仏様をイメージしてもいいでしょう。

実は私の場合ですが、男性性が少し頼りなく物足りないように感じたので、キリストの意識が自分の中にいつもあり、守られていると強く意図してみました。すると、とても心が安定したのです。少しくらい嫌なこと、怖いことがあっても、どっしりと安定していられるようになりました。

2　大人として成熟することと、子供心を育てていくこと

「インナーチャイルドの癒し」ということなのですが、これはもう恐らく永遠のテーマなのではと思うほどです。過去に相当十分にやったとしても、自分が大人として成熟すればするほど、子供の意識がそれに伴って何度も顔を出します。まるで「私を置いていかないで、一緒に連れて行って！」とでも言っているかのように……。

私たちの意識の中には、大人として分別のあるところと、わかっているんだけどわかりたくない、どうやっても我を通したい、とでもいうような聞き分けのない子供心がいます。そしてもっともっと愛してほしい、と言ってきます。なんで、どうして、いつまでもしつこくない？　と思うのですが、大人の心と子供心はセットでついているのですから、こんな風に再度登場！　というのは、実はとても歓迎すべきことなのです。なぜなら、子供心がまた一段と成長すると、大人としての自分の内なる自信とでも言いますか、そういう人としての土台となるようなところが大きくなるようです。器が大きくなる、幅が広がる感じです。

また、私たちの内なる子供心は、イキイキと生きることを教えてくれますし、喜びとは何かも教えてくれます。年を取っても心が干からびることなく、いつまでも若々しくいることもできます。私たちの心の原型ともいえる意識ですから、とても大切なものなのです。内なる子供心は大人の私たちのよりよく生きるための、心のパートナーとも言えるのです。

インナーチャイルドの癒しの方法は、前著に書きましたので、今回はまた少し別の方法をご紹介しましょう。

☆セルフヒプノセラピー『ワンダーランドバージョン』

お部屋を快適な状態にして座ります。
ぬいぐるみかバスタオルを丸めて抱っこします。
まず、胸ではなくお腹で呼吸をします。
ゆっくりとお腹が膨らむのを意識して、そしてゆっくりと吐き出します。
目は軽く閉じて、できるだけ体の力を抜いてゆったりとしてください。
次のようにイメージをします。

あなたは今、広いお花畑にいます。

好きな花をイメージして、眺めて楽しんでください。

そして、すぐそばには湧水が出る噴水があります。

椅子があるのでそこに座って、心を落ち着けましょう。

すると、目の前に階段が現れます。

それは天につながっている階段です。横にはしっかりとした手すりが付いていますから、それを持って、まずは一段目に足をかけてみます。

ゆっくりと心の中で数を数えて、10段目まで登って行きます。

一番上まで行ったら、目の前に白い扉が見えてきます。その前まで少し歩いて、そしてゆっくりと扉を両手で開きます。


扉を開いたその先は、カラフルな色があふれたお店です。

ウキウキするような音楽が流れています。

棚には、お人形、おもちゃがたくさんあります。

また別のところには、可愛らしいお洋服がたくさん並んでいます。

帽子のコーナーと靴のコーナーもあります。
女の子用のお化粧道具、アクセサリーもあります。
どれでも好きなものを選んで身につけてみましょう。
あなたは小さい時、どんなお洋服が着たかったでしょうか。
どうぞ、可愛らしく美しく装ってください。
そして鏡の前に立って、自分の姿を映してみましょう。
くるくるっと回って、にっこりしてみましょう。
心行くまで存分に楽しんでください。

他に、好きなイメージをしてくださってもいいのですが、遊園地や不思議の国の森のようなイメージをしてもいいです。男性なら子供の時に好きだった戦闘ごっこのヒーローをイメージしてもいいと思います。要は、「ボクは何でもできるんだ！」という風になればいいと思います。

このセルフヒプノセラピーの目的は、女の子としての基本的なプライドの修復、復活とも言えるものです。ですから、鏡に映ったすてきな洋服を着た少女の自分を褒めてあげて

宮崎・天安河原（あまのやすがわら）─天岩戸神社から川沿いを歩いて行った先にあります。神話ではここで神さまたちが会議をしたそうで、とても神秘的な空間です。

ください。

「あなたは本当にかわいい女の子だね。大好きだよ。」と。

　また、自分の美や女性性に関してのコンプレックスがなければ、やりたかったけれど親に反対されてできなかったこと、自信がなくてやれなかったことを、想像の世界ではなんでもできるのだからと、思う存分楽しくイメージしてください。

　高い木に登る、空を飛ぶだっていいと思います。あなたは運動が苦手だったら、運動会の駆けっこで一等賞をとるとか、思いっきりバットを振り切ってホームラン！　とかも面白いと思います。

3　自分の負の部分に気づき、抱きしめる

人に優しくするということは、これは永遠のテーマみたいなものです。なかなか難しい課題です。ですから、自分に優しくすることがまず最初のステップになります。

どうするかというと、自分の弱いところを見つけてあげて（気づくということ）、否定も肯定もせずに、ただ「そうだったんだね～」と思ってあげることです。嫌だ、怖い、ダメなどとジャッジをせずに、ただただ「お～そうだったのか～」と思ってあげるのです。

そして、「それなら今まで辛かったね～」と共感してあげます。出てきたことは主に感情ですが、それに対して共感してみるのですが、このときにもう一人の別人格の自分を登場させます。

想像の世界ですから理想の母親像を登場させてもいいでしょう。天使をイメージしてもいいかもしれません。とにかく、否定も肯定もせずに受け止める、そして共感する、これをまずしてみてください。

そうして涙が溢れてきたら、自分をやさしく抱きしめるのです。理想の存在にイメージで抱きしめてもらったり、信頼できる友人やご家族に協力してもらってもいいでしょう。

4　人を愛するために

これらのことに取り組み、なんとなく落ち着いてきたら、今度は人にチャレンジしてみます。

要は同じようにするだけです。今まで人に対して過剰なまでに働きかけてきた人は、離れて見守ってきたので、少し動きが出てきたかもしれません。そしたら、その反応に対してできる範囲のリアクションを起こせばいいのです。

相手は今まであなたの過剰な愛に溺れて、少々うるさいなと思っていたとしたら、少しほおっておかれている間に、あなたのありがたみを感じたかもしれません。ありがとうと言葉にしなくてもなんとなくこれまでとは違ったかわいい感じになっていたら、その様子に喜び微笑むだけでいいのです。それを「受け入れる」と言います。相手の精いっぱいの愛に応えるということです。

多くはこのように、こちらの渡すものと相手の渡せるものの質や量が違いますので、同じものを要求してもどうしようもないわけです。距離を置いてから渡してくれたもの、それが相手があなたにくれた精一杯の愛なのですから、喜んで受け取ればいいのです。間違っても「これだけ？」などとは思わないでください。どんなであっても愛には変わらないのですから。そうして、少しであっても愛が伝わってきたら、きっとこれまでは見えてこなかった相手の真実が見えてくるかもしれません。意外と優しかった、真面目だったなど……そうしたら、その部分に対して愛していくことです。これが無理のない愛し方です。

宮崎・高千穂峡―真名井の滝は神秘的でとても美しく、ずっと眺めていたくなるところです。

5　愛されるために

愛する能力が強い方は、無意識に自分のレベルを基準にして相手を愛そうとします。そしてその渡している愛の大きさに対して、返ってくるものがあまりにも少なすぎて、がっかりするのです。私がこれだけのことをしているのに、あなたの愛はこれだけなのか、と。

前述した通りのペースで相手に接していけば、人は少しずつ成長していきます。これが愛を育てるということです。

最初から自分が満足するだけの愛を渡してくれる人を懸命に探し回って、なかなかいないことにがっかりされる方が多くいらっしゃいますが、それは無理な話です。尽くす価値のある人かどうかを見極め、それがクリアしていたら、今度は根気強さが必要になります。

このように手塩にかけて育てていった相手が、今度は大きな愛であなたを包んでくれるでしょう。そして大きな愛を感じたら素直になって、「ありがとう」と笑顔で受け取ってください。とにかく、相手の精いっぱいを受け取ること、これが愛されるために大切なことです。

6　瞑想、黙想、自然とつながるワーク

普段私が行っている、心が落ち着く方法をお教えしましょう。

瞑想はできれば短時間でもいいので、毎日行うことが望ましいですが、修行僧のように厳格に行う必要はありません。要は目を閉じて腹式呼吸をすればいいのです。

☆瞑想の方法

①イスに深く腰を掛け、できるだけ背中をまっすぐに姿勢を保ちます。
　手のひらを上にして膝の上に置きます。

②軽く目を閉じて、意識をお腹（おへその少し下にある丹田《たんでん》）あたりにおきます。
息を吸うときにお腹が膨らみ、息を吐くときにはお腹が引っ込むことを意識します。
ゆっくりと鼻から息を吸って、最初の数回は口から息を吐き出します。
それを3回ほど繰り返したら、あとは鼻から吸って、鼻から吐き出します。

③呼吸が安定してきたら、尾てい骨のあたりを意識します。
丸い地球をイメージし、その中心にとてもパワフルなクリスタルでできている中心部分

があると思ってみてください。

尾てい骨からその中心部分に向かって、すーっとエネルギーが下りていくようにイメージをしてください。このイメージがしにくいようでしたら、言葉で「地球の中心につながります」と宣言してみてください。

④つながったら、その中心のエネルギーをいただいて、自分の尾てい骨のところまで戻ってきます。

尾てい骨から入ったエネルギーを丹田というおへその少し下のところまで上げていきます。そしてそのままゆっくりと呼吸を繰り返し続けます。

このときにさまざまな雑念が浮かぶかもしれませんが、その雑念には夢中にならず、「ああ、私は今そんなことを思っているんだなぁ」とただ感じて、「手放します」とつぶやいて雑念を払ってみてください。

そして、またお腹の少し下に意識をおろし、腹式呼吸を続けてください。最初は5分でも構いません。慣れてきたら、5分、10分と伸ばしていきます。20分から30分くらいできるようになるといいでしょう。

☆黙想

黙想ですが、これは目を開けて行います。

①前述した瞑想の姿勢を保ちながら、できれば地球の中心とつながってください。呼吸も目を開けたままでいいので同じように行います。お好きな音楽（静かでスローなもの）をかけてもかまいません。

②自然環境のＤＶＤや自然を写した映像を眺めます。または、好きな場所の写真を見てもいいでしょう。

ちなみに私は「屋久島」のＤＶＤを愛用しています。そうしてただぼんやりと眺めていきます。

頭に何か浮かんできてもそのままにしてもいいですが、もしネガティブなものなら、手放していきます。眠くなったらそのまま寝てしまってもかまいません。

☆自然とつながるワーク

対象となる自然は、もちろん人工物のない本当に静かで心地の良い場所がいいでしょう。滝や川の上流の渓流、浜辺、湖や山を眺められるところなどです。

滝でしたら、できればその側に座り、または立ったまま、滝の水の流れ落ちている部分を見つめます。意識をお腹におろし腹式呼吸をしながら、ただただ水の流れを見つめます。

海なら、寄せては返す波をただ見つめ続けます。

山は全体や稜線、好きな部分を見ています。

そして、少ししたら、自分の胸とその見つめている対象……山や滝や波……を線でつなぐイメージをします。波の気持ちになる、山の気持ちになる、という感じでもあります。

このようにイメージを続け、少なくても30分ほど行います。数分ではつながることは難しいでしょう。時間を気にせず、ゆったりとその場の自然のエネルギーに包まれるようにしていてください。1、2時間ほど過ごせば、その場の自然のエネルギーに癒され、心身がすっきりするでしょう。

遠出する時間がない場合は、近くの公園の木の下でもいいでしょう。ベンチに腰をおろし、ゆったりと木を眺めて過ごしてください。お気に入りの場所を見つけて、いつもそこで過ごすという習慣をつけてもいいと思います。

疲れたとき、悲しいとき、寂しいときなどに、人に心のうちを聞いてほしくても無理な場合、きっと自然があなたの心に寄り添い慰めてくれるでしょう。

繊細な私たちは、人のなかよりも自然に包まれていた方がより癒されるし、本当の自分を思い出しやすいのです。

熊本・阿蘇神社―阿蘇山がご神体です。この日は空に虹のような光がかかり歓迎されている感じを受けました。

これらのワークは、本来純粋で透明なタイプの人の「セルフクリアリング法」と言えると思います。いつもクリアにしていることで、自分らしく生きることができます。

透明なパイプがいつもきれいになっていることで、同じようにきれいな心の人を引き寄せます。

第7章

この個性を活かして生きるためには

1　死と再生と復活

生まれてすぐに生家の先祖や両親の浄化をしながら成長してきて、多くの繊細な人たちは、実は持って生まれた純真な感性が壊れているのです。

壊れるとまではいかなくても、少なくてもバランスを崩しています。そこにはっきりと気づいているわけではありませんが、無意識レベルでそのことに気づいていて、パニックになっています。「私の本来の素晴らしい感性、個性、能力を忘れてしまった」「もう取り戻すことはできない」と。

病院に行くと、鬱《うつ》や不安神経症、強迫神経症などと診断される精神的な病となって現われることもあります。でも、それを取り戻すことはできます。大丈夫です。

私たちのようなエンパスという霊的な能力を持って生きる者の魂は、実は結構タフにできています。魂を癒し、輝きを増すためには、いったんこれまでの自分の考え方、生き方の癖のようなもの、意識全体を壊す必要があります。つまり、「死」です。それをしてようやく、再生・復活へと進むことができます。再誕生ということもできます。

このままの古い生き方を持ったままで、次の新しいステージに行くことはできません。

壊して捨てるしかないのです。それはこれまでの自分の生き方を間違っていると否定するわけではありません。ただただ、「そうだったんだね、大変だったね、わかるよ」と共感し、抱きしめるのです。

そしてこれは意識上でですが、生きたまま「死」を迎えるという、ある意味冒険、チャレンジとも言えることを実行します。

たとえば、今まで自分が創ったもの、人間関係・キャリアなどすべてを捨てるという気持ちになってみます。実際にはなくなりはせず、不要なもののみ消え、必要なもののみが残ります。これが霊的な意識上で行う「死」という儀式です。

それを行うと、今度は自動的に「再生」が行われます。魂は再生する力があり、死した後には再生しようとするのです。その際に肉体は新しいレベルで生きられるように、より高度な肉体が再生されます。魂はブルブルっと身震いすると、すべての不要なものが剥がれ落ちるかのように、軽くクリアになります。

肉体を持って生まれ、神のように生きるためには、古代からこのようなことは行われてきました。一度死んで死者のいる地下世界に行き、そして再生するという神話は世界中にあります。古代エジプトの神、オシリスもそうですし、イエスキリストもそうです。日本神話では、イザナギの黄泉の国への訪問、アマテラスの岩戸隠れも同じです。

私の行った例としては、2010年5月に初めて行ったセドナへの一人旅です。初めての海外旅行で、長時間のフライトも初めて、海外の空港での乗り継ぎも初めてというものでした。英語もできず、車の運転もできず、セドナの地図もよく理解できていなくて、ただ無謀ともいえる冒険心のみがありました。この、ないない尽くしがまさに「死」でした。

日本での経験がまったく通じない、誰にも助けてもらえない、という状況だからです。

案の定、なんとかなるだろうという甘い考えで、ガイドもつけずに山に入り、迷子というかほぼ遭難状態になったのです。そんな極限状態になったとき、あれが私の生きたままでいったん死を迎えたという体験だったと思います。思い違い、勘違いしていた部分を未知の地で知らされることになりました。5年経ってもまた記憶に新しい強烈な体験です。

でも、みなさんにもこのような体験をしなさいと言っているのではありません。そのくらいの気持ちを持ってすべてを手放し、生まれ変わるのだと決めることです。

まずはこれを理解していただいて、この後の内容をお読みください。

2　この人生で報われるために

どんなことが「報われた」ということなのでしょうか。

それは、自分が苦労・努力してきたことが、正当に認められること、自分にふさわしい豊かさがもたらされることです。

ここまでは、誰もが願うことですが、実はこの先があります。

周りの人の成長と進化をこの目で見ること、自分の後に続く人が続々と現れていること、女神として崇められること――ここまで来ると、より深く報われた感を感じられると思います。

そのためには、ただがむしゃらに、自分の考えの範囲で良かれと思ってやっても成果には結びつきませんし、人々の成長にも届きません。やり方があるのです。

そのことは、ここまで書いてきたことの中にたくさんちりばめられています。

どんなに人に親切にしても、良かれと思ってやってきても、まったく報われなかったということの原因として上げられるのは、

①自分の良いと思う愛を押し付け、相手に期待しすぎる

②報われない体験をし続けてきているので、無意識に過剰な見返りを求めている
③愛を外側に求めている、自分の内側にあるのを見ようとしない

というこの３つです。

自分が多大な自己犠牲をしていると、相手が精一杯に行っていることも、少なく感じて満足しません。自分がしてきたのと同じように、大いなる自己犠牲をして自分に与えてほしいのです。

これから大切になっていくことは、報われなかった過去をすべて思いっきり手放してしまうことです、捨て去る、忘れてしまうことです。そして、自分が過去に多大な自己犠牲をしたことは、徳となって、宇宙の銀行に貯金として預けられているのだと思うことです。そして、今度はその貯金を引き出していくのです。貯金の下ろし方とは、今まで自分がしたきたことと逆のことをするのです。

※宇宙貯金の下ろし方

繰り返し書いていることもありますが、整理してみますと、

①自分の価値をちゃんと理解しない人に尽くさない
②まずは自分のケアを優先していつも機嫌が良い状態でいる
③形あるものを残すことを目標としない
④神と人間の中間地点という立ち位置をキープする
⑤無意識で行うことを大切にする

④の「神と人間の中間地点」ということですが、これは人間界の中にどっぷりと浸かってそこで成功しようとしているからうまくいきにくいということなのです。だからといってまるっきり神さま寄りでもバランスが取れません。何よりも人々への奉仕という目的が果たせません。

人間の世界と神の世界、その中間に立ってその間を行ったり来たりするのだと思ってみてください。人間の世界に浸かって疲れたらすぐに戻ってくるのです。そして必要に応じて神の世界に浸ります。神の世界――実際にやることは、聖地を訪れるとか、自然の中で過ごすとか、瞑想や自己ヒーリングをすることとです。

⑤の「無意識で行うことを大切にする」というのは、④にも関連しています。

宮崎・高千穂神社のご神木―神聖な拝殿の隣に立つ二本の夫婦杉は、この地の守り神です。

神寄りでいるということは、自分の個人的な願望、意思を元に動くのではありません。神の意思に沿って動くのだから、無意識で行うことに意味があるのです。無意識の状態で感じることはとても微細なものです。ともすると、「まさかね」「気のせいだわ」「そんなことあるはずがない」というようなことになりがちです。

コツは、あまり深く考えずに、ふと浮かんだことを実行することです。最初は失敗してもフォローが利く日常の些細なことからチャレンジしてみてください。意外にうまくいくことに驚くでしょう。

3　ビジネスと社会貢献

スピリチュアルな生き方を探究しながら、奉仕をしていく上で大切なことがあります。特にスピリチュアル関係のお仕事を選ばなくても単に感覚としてのことですので、普通のお仕事をしながら奉仕をしていく上でのお話です。

それはビジネス（商売感覚）と貢献（奉仕的感覚）、どちらの扉から入っていくのかということです。

扉というのは、これから自分が生きていくことになる霊的な次元の前に立つ門であるともいえます。その際に、ビジネスという扉を選ぶと、その方向性に進むための道が現れます。それに沿ったストーリーも用意されています。もちろん社会貢献の扉を選んでも同じようにその目的に沿ったストーリーが展開されます。

要は自分の魂の目的、使命に合ったものかどうかということです。ビジネスの道であっても社会貢献の道であっても、自分に合っているか、自分の能力が発揮できるか、魂が輝くか、それをよく見極めることが大事です。

このように選んで進むわけですが、まずビジネスの道について書いてみます。

利潤追求がメインの目的です。利益を得るためには元手となるものが必要で、その資金が必要であれば銀行などで借りることになります。多くの元手があればあるほど、利益は多く生まれます。そうやって年々右肩上がりで利潤が伸びていくことを理想とします。

そういったビジネス展開で人と関わっていくときに、どうしても人の都合や思いよりも会社の利益が優先されます。そのため、その商品が本当に必要のない人にも勧めなければならないこともあります。

また、ビジネスの世界には比較と競争が付いてきます。本人は勝ちたいなどと強く思っていなくても、周りがそうですから、自動的にその渦の中に入ることになります。そうして常に右肩上がりの経済発展を目指して走り続けることになります。

では、社会貢献の方はどうでしょうか。

社会貢献といっても、無償のボランティアではなく、エネルギーの対価としてのお金はいただくことになります。ただそれは確実に増え続けていくものではなく、使途が決まっていないのに、とりあえずたくさん入ってくるものでもありません。また人間の欲で計ると、不安定で少ないように感じます。中途半端にビジネス感覚を捨てきれないでいると、その不安定さに恐れを抱きます。

全体の利益のために働くことを決めて実行し始めたとき、それに見合った必要なお金が入ってくる仕組みになっています。

貢献とは、私の感じるところでですが、神様に自分の能力を献上するということだと思うのです。人に尽くすというよりも、神様に自分を使ってもらうというもの。つまり自分が人に何かをするのではなく、神の手足になるというものです。

何をしたら神様が喜んで力を授けてくださるかという観点から見ることで、それが達成できます。宇宙を味方につけるとも言います。

そうした意識で行っていく社会貢献で入ってくるものは、多すぎず少なすぎず、身の丈に合ったものが入ってきます。そしてちょうどよく必要なものが出てきて、きれいになくなり、また入ってきます。これが循環です。自分の方にだけ集まってくるようにではなく、みんなで幸せになるということを目指します。

伊勢神宮の内宮の御厩にて、運良く神馬に対面できました。優しくかわいい目をしています。

私はかつてここを勘違いしていて、私がとにかく成功して、ある程度の富や知名度などを得てから、それから多くの人を助けられると思っていました。それは上下関係を生みました。まず私が上（強い）の立場に立ち、下（弱い）の立場の人を救うという、それしか方法は思いつきませんでした。

このような私に対して、指導してくれる霊的な存在からのレッスンはそれは厳しく、考え方を根底から変えなければならないほどのものでした。そして不思議なことに、最近ではこのレッスンで私が学んだことを必要とされるクライアントさんたちが、次々と来られています。

4　どうして社会貢献なのか

何が言いたいのかというと、つまりは、この超が付くほどの敏感で繊細なタイプは、人と競わなければならないビジネス感覚での奉仕は合わないのです。ある程度いいところまでいったとしてもどこかで覆ります。なぜならば、自分自身が疲れて嫌になってしまうからです。他人はごまかせても、自分自身だけはどうやってもごまかせないのです。これが自分に正直に生きるということです。みんなで幸せになることが最重要課題ですから、回り道をしてもかまいませんが、最終的にはそこを目指すことになります。

過度に多く入るということは、正だけでなく負も同時に入ってきます。余計なトラブルやストレスを抱えることにつながります。お金や物や地位名誉とはそういうものです。社会貢献＝貧乏くじを引くというイメージがあるかもしれませんが、私はそのことをこれから自分が取り組むことで証明していくのだと感じています。貧乏くじでも金持ちくじでもなく、ほどほどの、ちょうどいい分だけ入ってくるというくじです。

前述した「ビジネスと社会貢献」のことを言葉を変えますと、自己実現と自己探究とも言うことができます。

☆自己実現ではない、自己探求のゲートを選んでくぐったら、その後は自己探求コースの現世利益が与えられる

これはどういうことかというと、自己実現を選べば現世利益があり、自己探求を選べば、現世利益にはまったく縁がなくなると、以前の私はそう思っていました。

でもそうではなくて、自己探求コースにも現世利益は与えられるのです。

それはどういうものかというと、自己実現コースの現世利益は、ある意味、自分が独り占めするものですが、自己探求の方は、社会に還元するというか、みんなで一緒に使えるもの、ということなのです。みんなで使うために、代表して受け取るということです。

自分だけ独り占めというと変ですが、言い方を変えると、自己実現での現世利益は、自分の人生限定の、愛や豊かさです。恋愛、結婚、仕事、お金、不動産、名誉などなど。まずは自分が満たされてなのですが、その先の目的がない、まずは自分、そしてそこで終止します。

自己探求での現世利益は、まずは自分が満たされ、その後他人に回っていきます。他人、社会に貢献するための自分への元手みたいなものが現世利益として与えられるのです。元手無しにはなにものもなしえないから、ということです。

この際大切なことは、まず、自分の利益を求めるのか、それともみんなで使うためのものを求めていくのかを決めることです。そして、人生において結果を見えるものとして出すことを目的としないことです。物として目には見えないものでも、心の奥底に響く、そして心の襞《ひだ》に刻まれて残るような、そんなものが価値のある喜びに満ちたものなのです。それ意味がないように見えて、目に見えるような結果には残らないかもしれないこと。それがこれからの時代、人の心を満たしていくものになり、結果、必要な現世利益につながっていくのだと思います。

そして、前述した「ワンネス」という言葉をもう一度思い出してみてください。元は一つだったので、それに戻る旅をしているのです。

純粋な奉仕の心は巡り巡って還ってくるとき、それに関わったすべての人の温かい心や努力したこと、そういうものが合わさって手渡されるのです。そこにはたくさんの人の感謝の気持ちも共に入っていますので、物や現象そのものの価値だけでなく、プラスアルファの温かさなども含まれています。たくさんの人々の「ありがとう」がこだましているような、そんな温かさと優しさに満ちています。

私たちのような繊細な人々は、こういうものがほしくて、この地上でこれを体験したくて生まれてきたのだと思うのです。

5　真の豊かさとは

今現在、金銭的に困っているという場合、それはやはり、金銭的なものと愛を切り離しているからなのではないでしょうか。

または、まずは自由に使えるお金があることが先で、愛とか優雅さなどはそれから考えようという考えがあなたの中にあると思います。

愛は愛、お金はお金と別に考えているのです。生きていくために必要なお金、そしてそれによって得られる物と、自分を愛してくれる人、自分が安心して過ごせるスペース、それらは別々に考え、〝得るもの〟という感覚が、あなたにありませんか？

特に、お金に関して足りないと感じている方の中に、愛を受け取ることを拒否している、あるいは受け取ることを自分に許可していない、または、諦めているという方を多く見受けます。

お金は豊かさの一部です
でも、お金＝豊かさではありません

豊かさの中にあるものは、ゆったりと過ごせるための時間やスペースなど心のゆとりに

つながるものが含まれます。それが第一条件とも言えるでしょう。

お金だけたくさんあっても、それは豊かであるとは言えません。余分に得るために、時間を切り売りし長時間働いて得ても、それは豊かではありません。心身を病んでしまったら、お金があっても幸せではありませんね。ですから、豊かさとはバランスが取れたものなのです。その人に合った、必要なだけのものです。

たくさん持っているからと言って、豊かだとか幸せだとは言えません。反対にたくさん持っていないからといって、不幸でもありません。バランスが取れている状態というのは、自分に必要なものが揃っている状態なので、（他人から見て、少ないようであっても）その状態というのは、無理なく自分を大切にできる、心地よく機嫌よく生きることができるということになります。

ですから、愛と豊かさはつながっているのです。愛は愛として、豊かさは豊かさで別に獲得していくのではなく、純粋な自分を生きていったら、振り返ったら道ができていて、必要なだけの愛と豊かさが目の前にあったと気づきます。

これも基本的なことなのですが、愛と豊かさは同時に受け取ろうとしていくことです。

自分が苦しまずに楽でいられるスタイルで、十分に心身を労わり、心許せる人と楽しく過ごすということを同時に意識して行いながら、必要な豊かさを求めていく。この方法を推奨したいと思います。

☆優雅に生きる

真に豊かに生きるためには、まずたっぷりと余りある時間が与えられます。働きすぎて心身のバランスを崩したとき、長くお休みをするのはそういうことです。それは、たくさんの時間をあげるからゆっくりと休みなさいよ、という神様からのギフトと考えることができます。社会から外れてしまった、挫折してしまったなどと悲観することはありません。

ゆっくりと休んで、改めて自分は何をしたら楽しいと感じるのだろうか、と考えてみるのです。思い出してみるという感覚です。小さいころ何をして遊んでいるときが楽しかったか、思い出してみてください。何にもしないでただボーっとしていることが好きだったら、それが自分の喜びなのです。そうして、心の赴くままに好きなように時間を使っていくと、次第に本来の自分が顔をのぞかせてきます。

結果の出ない、何の意味も持たない、無駄かもしれないことをたくさん自分にさせてあげると、ゆっくりとした時間の流れとと共に、今まで出会ったことのない物や人、違う視点から見た世界が現れます。そしてそれは、これまでのように、早く早くと急き立てられるように進んできた生き方とはまるっきり違った、ゆったりとした時間の流れの中で思わずニンマリしてしまうような、そんなことが起こり始めます。

人が忙しく生きていてもいいのです。たくさんお金を持っていてもいいのです。今の自分に必要な分だけ入ってきて、うんと困っていなければいい。今から必要以上に先々の心配をしなくてもいいのです。

大きな特別なもの、たくさんのものを持つのではなくて、小さい、普通の、何でもないものから大きな満足を得る、というのが、これからの新しい豊かさなのだと思います。

6　スピリチュアルな生き方

ずっと霊的な考え方から人や人生を見つめてきて思います。「スピリチュアルを使って幸せになるには？」ではなく、「霊的な存在である自分を認めて育てていき、地球や宇宙の一部になること」なのではないかと思うのです。ただ一部になることを目指す。一部になろうとさえすれば、後は自動的に進んでいきます、それは生まれる前に神と自分で決めてきたブループリント（魂の設計図）通りになるということです。

イメージしてみてください。

生まれる前、まだ肉体を持たない状態のとき、神様の前でひざまずいて、私はこれこれこういうことをするために地球に生まれていきます、と宣言します。すると神様が、そうですか、それならそれを実行するための、これとあれという能力を授けましょう、とあなたに授けてくれたはずです。

そんな計画は生まれた瞬間に忘れてしまいます。なんとなく何かすることがあるはず程度には覚えているかもしれません。その計画がなんだったのかを思い出すために、あるいは思い出さないまでも自然に導かれていくためには、地球の一部として存在することなのです。何かになろうとするのではなく、「自分」という存在になるのです。

こうして本当に神の手足という「聖なる道具」となります。そうなると、自然とそれに見合った仕事と収入、人生で巡り会う人たちなどが与えられます。

自分（だけ）の利益を考えて行うことと、人のために役立つことを考えて行うことは、真逆な方向性を持ちます。

病めるもの、貧しきものの利益を考えずに進むことは、多大な富を形成することにもつながる可能性があります。その人々の分も入って来るからです。強弱、優劣の法則です。ただ、その際、自分の中の「救われたい」という願いは、意外なことに置き去りになります。手にした莫大な富では、その願いは完全に叶うことはないのです。

富めるものと貧しきものとに分離していくだけだからです。

自分が、自分だけでなりたい何かを目指すことは、みんなの意思、総意を無視することになり、個人プレーなので、フィードバックするエネルギーはそれほど大きくはならないのです。

反対にみんなの総意に基づいて目指していく場合、自分個人の今後に関しては、自分の意思だけで決まるのではなく、自分に関わる人たちの総意に大きな影響を受けるということになります。つまり、みんなの意識の反応から生まれるエネルギーによって変わってくるのです。みんなが喜べば大きなものがあなたに返ってきます。


結局、ただただ毎日を楽しく機嫌よく生きられれば、それでいいのだと思うのです。

その楽しさをよりハイレベルにしていくことが、大切なのだとも思います。

女神として生きていくと、普通のことにシンクロが巻き起こり、より楽しさが増していきます。それは、「自分が頑張ることで得ようとする」ことからは決して生まれてきません。

そして子供心と大人の心が共に楽しんでいて、ウキウキしていることが大事です。なぜなら、忙しさで心が疲れているときは、子供心が遊びたがっているのです。

エンパスの人は、暗くなるとより暗さが増していきます。明るくなるとより明るさが増します。エネルギーに敏感だからです。だから、明るく楽しく生きている人を見ているといいのです。愚痴や悪口を言っている人の側《そば》にいるとその人の負のエネルギーも吸い込むし、自分がその人のように、いえ、それ以上ネガティブにもなりえます。

明るく元気に生き、人に親切にしている人の側にいると、そのエネルギーを吸収でき、自分のポジティブな面を思い出すことができます。

そのためには、自分の努力なしの丸投げではなく、共にアップしていこうという協力体制でいることです。

第8章

純粋な奉仕を通して
確立するオリジナルな世界

1　人魚の過去世

私は、今から7年半前の２００８年1月に、ヒプノセラピー（催眠療法）を受けたことがあります。

それまでに私は、ヒプノセラピストのセミナーを何回か受けたことがあり、退行催眠によって、軽くですが自分の過去世を見たことがあります。その他にも自分で過去世を見ることも工夫してやっていたので、ある程度は見たのですが、なぜかこのときはプロのヒプノセラピストさんに誘導してもらいたい、と思ったのです。

はじめの誘導ではトランス状態に入れず、二度目の誘導でようやく見えてきました。そして出てきたのが、なんと古代レムリア時代の人魚の過去世でした。

海底の洞窟に棲んでいた人魚です。洞窟の奥には不老不死、病を癒すことのできる石がありました。さまざまな色のとても美しいクリスタルでした。その石を人間に役立ててほしくて、純粋そうな人を探して使ってもらいました。

でも、すぐに悪人の知るところとなり奪い取られてしまいました。

その石の使い方を聞かれるために捕まった人魚は、悪人のところに連れていかれました。

でも、人魚はテレパシーでしか自分の意思を伝えることができません。そのテレパシーが通じるのは、純粋な人だけなのです。不思議な石も純粋な人でなければ効力は発揮しません。役立たず、ということで牢屋に入れられ死んでしまうのですが、その際に人魚が思ったのは、

ここでは生きられない
食べ物も違うし、私は体が人間と違うし、人間は欲にまみれている
人は信じられない
私は人を見抜く力がない
私は人に上手く伝えられない

ということでした。
これは、エンパスの特徴そのものです。この後、メッセージを受け取りました。

形にこだわるな

大切なのは形ではない
そばにいて一緒にすることが仲間ではない
同じ目的・使命を持ち、離れたところで生きていても
それも仲間であることに変わりはない
形のないもの、でも確かにそれは存在している
それを感じること
感じることでしかわからないもの
そういう愛の形
それを創造することが使命

だから、今後誰かと一緒に組んでやることにこだわらないこと
ネットワークはいったん切れたような関係にも存在している
見えない、形のないものにその愛のネットワークを感じること
むしろ形に残っていないものこそ本物
たとえどんな形で離れ、別れたとしても

出会っているときに伝えていることは確実に残っているから
それを信じて相手を手放し、お互いに自立し
そしてお互いに前に進んでいく
それが真の愛の形
お互いが自立していてつながっている
それはどこに行っても通じるから裏切られることはない
その愛の形の統一をする
すべては一つだから……ワンネス

これを受け取ったときは、ヒーラーになってまだ2年ほどだったので、すとんと腑に落ちるようなことには至らず、むしろ、「それは嫌だな」くらいの感覚だったと記憶しています。だって、せっかく築いた関係性を手放して、別々に進むなんて寂しいじゃないですか。ただ、かなり新しい考え方だなぁと思いました。

そのことが7年も経って、こうして本に書くことになるなんて、今から行おうとすることにつながっているなんて、と驚いています。もちろん7年半の間、ずっとこのことにつながるような歩み方をしてきたとしっかりと自覚しています。

「離れたところで生きていても」というところにもなるほどと思うことがあります。

私のクライアントさんたちは、県内からは少なく、東京や神奈川が最も多いのですが、それ以外なら全国からご縁をいただいています。また、海外在住の日本人の方も増えてきました。今はインターネットとスカイプがありますからたいへん便利になりました。また、遠隔ヒーリングという手法にも助けられています。

ですから距離を超えることができるのです。

多くの方と出会っていると、中にはご縁を感じてくださり、長いお付き合いになることもあります。その際いつも頭にあったのは、これらのことです。

あまり長く密度の濃い関係を続けていると依存関係になり、お互いに先に進めなくなる。もう二度と会うことがなくてもつながっている。その方がむしろお互いに自分らしい生き方、ライトワークができる、と。

長く濃いお付き合いになりそうなときには、このことを先に言ったり、途中で何度も言ってみたりと、このときに受け取ったメッセージを実践してきました。少々不本意ではありましたが……。

他のヒーリングやセラピーをお仕事にしている人たちを見ると、みなさん気の合った人たちと長く楽しそうに濃い関係性を続けていらっしゃいます。羨ましく思いましたし、何で私だけがとよく思いました。でも、私の計画・ブループリント自体がこうなので、どんなに渇望しても無理な話です。

これまでのさまざまな出来事の意味が、またよく理解できます。新しい関係性、新しい愛のネットワークを創るということが計画なのですから。

近くにいてもまったく心が通じない、むしろ冷たく感じてしまい一緒にいることがつらいという関係性があります。そこを何とかしようとしても、私たちのような繊細な人たちには無理があります。どうやってもうまく行きません。それはきっと、密着していない方が持っている愛が伝わるからなのでしょう。

わかりやすい表現をすれば、側であれこれ心配してお世話をすると、伝えようとすることが伝わらず裏目に出てしまうということです。適度な距離感を持てば、ちょうど良い具合に持っている良さが伝わります。じわじわ〜っと浸透するかのように。そんなふうに私たちの持つ愛はできているのだと思うのです。

青森・八甲田山と睡蓮沼―八甲田山のふもとにある初夏の湿原に咲くレンゲツツジがみごとでした。

適切な距離を保つことで
築くことができる愛のネットワーク

ただし、今すぐその愛のレベルに到達することは難しいですから、そこを目指すとだけ決めてゆっくりじっくり進んで行けばいいのだと思います。

2　純潔同盟

私は、巫女の本当に純粋な魂の記憶を持って生まれて来たらしく、それが近年、浄化が進むと共に、またより強くなってきたようなのです。

☆箸墓古墳

２０１３年に印象的な出来事がありました。

まず、その年の3月にメキシコのマヤ遺跡に行きました。なんとなく古い遺跡が気になったからです。帰ってきてから、そういえば日本にも遺跡はあるはず、と思って検索したら、ポン！　と奈良の纏向《まきむく》遺跡が出てきました。そして、その纏向遺跡の中でもいくつかある中の、箸墓古墳《はしはか》の写真を見ると、とても惹きつけられてしまったのです。ここだ！　と。それは少し暗く寂しいものを感じました。

これも不思議なのですが、その後すぐに何人かの方から、大阪で「インディゴ交流会」をやってほしいという声がいくつも上がったのです。以前はよく大阪でセッションをさせていただいていましたので、行くことにためらいはなく計画はすぐに実現しました。

奈良・箸墓古墳―ここは卑弥呼の墓ではないかという説がある古墳です（本文参照）。

その交流会の翌日に、私は奈良まで足を延ばして箸墓古墳に行きました。そこは卑弥呼のお墓ではないかという説があるところでもあります。古墳の前には大きな池があり、その前に立ったとき、何とも言えない気持ちになりました。

卑弥呼であるかどうかは断言も証明もできませんが、確かにここにはその昔、身分の高い巫女とその侍女たちの集団が、何かの事件があってここに葬られたということを感じました。そして、強い霊能力を封じ込めるために残虐な殺し方をされたことも感じました。つまりこの古墳には封印によって閉ざされている、霊能力があるがゆえに、完全に浄化されていない巫女の魂が眠っている、ということなのです。

この箸墓古墳から、三輪山と大神神社に向かって歩き出したのですが、その際にも不思議な導きにより、行くべきところに順々に行かされることが起こりました。詳しくは長くなりますので割愛しますが、もし続きを知りたい方は、ブログの「姫神、姫巫女」というテーマとのところから探してごらんになってください。

不思議なことはまだ続きます。奈良から帰ってきて、ヒプノセラピーにて過去世を見たのですが、それは、私が巫女を守る役目をしていた男性の過去世だったのです。

☆巫女に関する過去世

時代は弥生時代。私は15歳の男性で、なんと、もうこの年で奥さんと赤ちゃんがいました。三角の藁葺きのような家屋に住んでいました。ただ、食事などは他の家族と一緒にしていたようで、父母、祖父母、他の兄弟と一緒でした。

父と祖父はその土地を治めていた豪族のようで、私はその跡継ぎなので二人の話をよく聞いて、来るときに備えて勉強している様子です。といっても、どの時期に種を蒔くか、収穫するか、雨が降らなかったらどうするかというようなことです。

そして、その時代は普通にその土地に最低一人は巫女さんがいて、山の中の洞窟みたいな、祠のようなところに住まいながら、祈りやご神託をしているようでした。

その世話役のような事をしているのが、私でした。本当は父の仕事でしたが、それを引き継ぎ始めたようです。世話役とは、身の回りのこともですが、精神的な相談、フォローもしていたようです。

その当時の巫女さんは霊的にまだ極めていないようで、神懸かると暴れてしまい、精神的に安定しないとあまり高級ではない霊も一緒に降ろして憑いてしまう未熟な巫女さんでした。ですから私は、巫女さんが落ち着くのを待ち、聞きたいことを聞いて、村人たちにわかるように巫女さんの言葉を伝える役目でした。このようにして、村人たちの日常生活の諸問題を解決していたようです。これを審神者《さにわ》といいます。

神が憑いていないときも、巫女さんは気難しかったり、不安定だったりして大変だったので、その話を聞く役になり彼女が落ち着くような、ある意味恋人のような役目も担っていたようです。そのために、こちらがブレて影響を受けてしまわないように、早めに結婚をして家庭を持っていました。

また、これは私にも衝撃的なことでしたが、巫女さんたちは、だいたい24歳くらいで血の病になって早世してしまうのです。子宮の病気です。たくさん出血して死んでしまうのです。

そのように亡くなる巫女さんたちを何度も見てきました。何度もというのは、巫女さんが早世するので、世代交代が頻繁だったのです。

私はそういう巫女さんを何度も見送り、育て、護るという人生だったようです。もちろん、家督を継いで土地を治めてもいました。

幼いうちに選ばれた巫女さんたちは、恋愛も結婚もせずに、洞窟にまるで閉じ込められるようにして生き、村人の現世利益のためにあまり高くはない霊を降ろしていたので、そのためのストレスから病で早く死んでしまったように感じました。

このような体験を経てきたために、私はこの巫女気質の人には特に思い入れがあり、共鳴しやすく同情心もあるようです。


もう一つ、身分の高い巫女の神様のような方を補佐する侍女をしていた過去世もありました。そのときは時の権力者に利用されて陥れられ、住居に火を放たれて無念にも死んでいくのですが、その際、巫女の神様を囲み、神として天に召されるようにと念じ奉ったというものです。

そんなことがわかり、実際に箸墓古墳を二度続けて訪れたりしたことから、巫女という魂に多大な関心が向くようになったのです。

こんな神話があります。

『姫神の本』（学研：books esoterica43）Ⅲ歴史上の女王と神女の中の「天皇を霊的に守護

した皇女と女帝となった巫女の王」という項目に書かれている内容を抜粋させていただきます。

百襲姫命《ももそひめのみこと》は、三輪山に祀られる大物主《おおものぬし》神の妻になった。

その神は夜にしか姿を見せず、顔を見たいと願った姫が朝までいてほしいと願うと、朝には櫛箱に入っている、と答えたので櫛箱を開けると、そこには小蛇がいた。

驚いた姫に人の姿になった大物主神が、今度はお前を辱めようと言い残して、三輪山に戻った。驚いた姫が思わず座り込むと、箸で陰部をついてしまい亡くなってしまう、というお話です。

その後のセッションなどで出会う方々も、より純粋な現代の巫女ともいえる方が増えてきました。そのことはどうやら、私と同じような、私がしっくりくる、一緒にいて楽で気を使わないでいい、そのように付き合える人たちと共に何かをしていくということらしいということもわかりました。仲間を作らないと何も始まらないという感じです。

仲間作りは前記した人魚の魂の記憶を持つ私にとっては、悲願ともいえるものです。超のつくエンパスである私にとって、どう距離感を持って仲間と共に歩んでいくか、これがテーマだと思います。

これまで私は、母による洗脳・呪縛で、ワガママをしてはいけない、人に冷たくしてはいけない、自分のことを中心に生きてはならない（自己本位）などと教えられ、それは魂の記憶とリンクしているためにより強調され、正しいと信じていました。

また、近年は癒しが進んで意識が変化しても、それでも自分ではどうにもならない、自己犠牲の精神を抱えて生きていました。自分では、もうどうにもならなかったのです。人生の大きな節目のところに来ていたのだと思います。

それで、「純潔同盟」ですが、この同盟というところは、たとえると「反逆者」という言葉で言い表すことができます。この反逆者には足かせがあり、大きな太い鎖がかかっているのですが、これが自己犠牲の象徴となります。それだけ重く、太く、大きなものを手放す……解除すべきものだということです。

純潔は女性性、反逆者は男性性として考えるのですが、その両者で既成概念を覆すということです。やりたいことを自由奔放にやることが目的です。

この場合、この自由奔放にすることで、何かが花開くのだと思います。

自由奔放＝わがまま、という固定概念がありますので、それを覆すのです。

よくセッションなどで、自由に生きたいという願いをお聞きしますが、自由までだと、きっとわがままと捉えられるレベルなんじゃないかと思うのです。そこに、この奔放が加わることで、真の自由が生まれるのだと思うのです。

真面目に、ひたむきに、誠実に、人がやりたがらないことをコツコツやっても、何も報われないどころか悲哀を味わう。そんな純粋で奉仕の精神が旺盛な人を、私は心の底から守りたい！　大そうな言い方をすれば、先導者でありたい！　と思うのです。

「正直者がバカを見る」のではなく、「正直者が日の目を見る（脚光を浴びる）」、そのために、内なるクーデターを起こすのです！　でも、誰も傷つけません。

同盟＝反乱を起こす会です。

自分の内側の、自己犠牲の魂に反旗をひるがえすのです。

３　清らかな魂を育てるプロジェクト

前記した、巫女の神様を護って死んだ侍女の過去世を見た時、こんなメッセージを受け取りました。

「**今度はあなたが上がる番です。みんなに手伝ってもらって上がってきなさい。いつまでもあなたがそうしないでいることは、後に続く皆が上がれないことになります**」

なんだか、その〝上がる〟というのは、巫女の究極の、行きつく先のようなのですが、つまり生き神になる、みたいなことなのです。

生き神というとなんだかすごそうですけれど、特に現代ではそんな大そうなことではなく、今風に表現すると、「清らかな魂になる」ということです。

題して、「**清らかな魂を育てるプロジェクト**」

とでもいいますか、そんな計画をこの時の巫女たちが立てたような感じがしました。

その計画は、準備ができたものから上がっていくことになっていて、上がったものは上から、次に続く人を引き上げることができる。後輩が先輩を押し上げ、先輩が後輩を引き上げる、そんなやり方になっているようなのです。

その清らかな魂を育てて、その先はどうなるのか——その昔、巫女は神殿に籠って、下界から隔離されているかのように、外に出て普通に暮らすことはできませんでした。

今はそんな神殿に閉じこもっていなくてもいいので、巫女としての魂を磨き、普通に社会で貢献し、人々の魂の向上のため、裏側から、時には表に立ちながら、自己実現しつつ、人々を導いていく。ライトワーカーとして自身も幸せになり、世の中の役にも立つ、というような、そんなことをしていきたいという願いがあるようなのです。

この同じ願いを実現する約束をしている人たちと、今後出会いを経て、私はまず、自分を上げてくれるようにお願いするようにと過去世の私から言われました。

私たちは、純粋、透明でしか生きられません。これからもドンドンそうなっていくし、そう生きることでしか流れが来ないようにも思います。

重い闇を抱えたままでは、どんなに普通に生きたい！　と願って努力をしても、それは無駄なあがきです。自分がさらに純粋、透明になっていくことは怖いものです。ますます周りとかけ離れていくような感じがすると思います。でも、今はそういう時期なのです。自分の個性を探し見つけていく、この自己探究をする時期です。

実際には、誰かとつるまないで、基本は一人ひとりでの活動というのが、繊細で敏感な私たちが自分らしさを発揮できる方法です。

同じ意図を持って生きていく、活動していくのですが、おもなコミュニケーションは、宇宙を経由したテレパシーという電波です。それで十分想いを伝え合うことができます。

そのためには自分のエネルギーのパイプをクリアにしている必要があります。

たとえば、私はブログを書いていますが、それを読んでいただき、文章にある言葉そのものだけではなく、その中にある深い想いを感じていただく。それを自分の想いを加えて伝えたい人たちに伝えていくとか、そんな形なのかなと思います。

もちろん本書から何かを感じ取っていただき、それを役立てていただけたらうれしいです。

また、年ごとに私自身が受け取るテーマがあり、それは、今は予想もつきませんが、それに賛同していただけたら何かの形で参加していただくこともありなのかと思います。

いつも純真無垢な心で生きること、

見えないところを大切にして、意識を合わせ、感じていること、

そうすることで、私たちの魂は共鳴共振できるのです。

このように、清らかな魂たちを大切に育てていきたいと思います。

4　自分の目的使命を知る

私はゲートキーパーの役割があります。

霊的世界の門番ということですが、それはここを訪れる方に対して、どの扉、門から入っていくのかをお伝えするものです。

顕在意識には上っていなくても、みなさんは奉仕のスペシャリストであり、それにもテーマがあり、なんでもいいというわけではないのです。どうせ奉仕をしていくなら、あらかじめどんな性質のものかわかっていた方がいいでしょう。

よくいただくご相談内容として、自分が生まれてきた目的や使命を知りたいというものがあります。その目的、使命とは、具体的な職業ではありません。たとえば、女性として自由な生き方をするとか、女性の地位向上のためにとか、子供たちがもっと能力を発揮しやすいようにサポートするとか、私のように霊的世界の浄化などというのもあります。

そういった自分の持つテーマを知ること、そしてそれに特化していくことが大事だと感じています。万遍なくいろいろなことができなくてもいいのです。奉仕のスペシャリストなのですから、自分の専門性を生かし伸ばしていけばいいのです。その上で、同じ意図を持ってつながるのです。

女性がみんな自分らしく幸せであるように
子供たちがみんな生き生きと輝いているように
男性たちも心穏やかに自分の好きなことで楽しめるように

などと、祈りと共に奉仕をしていきます。
それは誰のためでもない、自分の喜びのために、です。

5 人間技と神業《かみわざ》

人間技で行うことというのは、「私」が「自分」で行うことです。

私たちはもっと楽に生きたい、誰かに助けてほしいと思ってはいても、自分でやらなければならないとも思っていて、一生懸命に努力して何事かを成そうとします。

自分で行ったことは、「やった〜！」という達成感があるもので、高揚感もあります。ただ、その喜びは意外と人と共有しにくいものです。それは自分の手柄だからです。自分で行うことは、基本的に自分の手柄となります。

神業とは、人間の技が入らないもの、神の使い手になることです。

神業は、人間の頭で考えずに、たまたまとか、なんとなくとか、まったくの偶然というようなことが積み重なっていき、気づいたら「ハイ、これどうぞ」というような感じで、成果が目の前に現れるというものです。

「やった！」という達成感みたいな高揚感はありませんが、なんとなくじわじわ〜っと喜びが湧いてきます。そして、それは大地に根ざしたどっしりとした落着きに満ち、また宇宙の存在がまるでウインクをしているかと思えるような、少し茶目っ気があるものです。

この感覚をぜひ皆さんにも味わっていただきたいと思います。

普段、自分を「私なんか」などと卑下していると、この成果を畏《おそ》れ多いと思うこともあるでしょう。畏れ多くていいのです。それは自分だけのものではないのだから。自分を経由して、また人のところに回していくものだから。

青森・八甲田山麓のブナ林─実際に林の中に入ると、その癒しのパワーに驚かされます

たまたま自分のところに来るのですが、経由しながらも自分の分はちゃんと受け取ってよくて、それをしっかりと味わって次の人に渡していきます。

それはみんなで共有するものなのです。与えられるものはとてつもなく大きくて、自分一人では使いきれない、扱いきれないものです。だからみんなで受け取って、好きにアレンジしていくものなのです。つまりそれは、みんなで喜びを共有できるものなのです。

みんなで喜びを共有できること、そんな神業がこれから行われていくことです。

6　オリジナルな世界を創る

仕方がなかったとはいえ、自分を差し出して行う自己犠牲による奉仕は、どうしても自分の心身までも傷つけて行わざるを得ませんでした。たくさんの涙と血を流しました。これからはできるだけきれいに行っていきたい、楽に奉仕をしていきたいと思うのです。

どうやったら自分を犠牲にすることなく、人に奉仕することができるのだろうかと、みなさんも思っているに違いありません。でも、自分の周りには想いを同じくする人がいない。それである意味、突撃隊のように自分を投げ出すようにして、一石投じるようなことをしていたのだと思うのです。

でも、それでもどうにもならないばかりか、あなたが傷つくだけだったでしょう？

これからは離れていても、確かに存在している同じ想いを持つ仲間同士、心を一つにして、この愛する地球の人たちのために純粋な奉仕をしていけるのです。

これまでは、さまざまな意識層の人々が混じり合ってこの世の中が成り立っていましたが、これからは、同じ意識を持つ人々が集まって、そのレベルでのコミュニティ、融合体ができていく、ということを強く感じています。

これまで自分と本当に合う人など見つからない！　と思っていた方も、徐々にその覆っていたベールが薄くなり、会いたかった人たちと会えるようになるでしょう。

繊細で敏感である私たちは、自分が安全と感じられる場所でのみ、持っている力を発揮することができます。そこでのみ、根を張り、幹を伸ばし、枝葉を茂らせることができるのです。安全で調和のとれた場所、それを探していきましょう。

誰かが創った場所には、自分の居場所はありません。隠し持っている繊細だけれども強烈な個性を発揮し、オリジナルなエネルギー体系を確立し、そこに信頼できる人たちを招き入れましょう。

そうやって、横へ横へと広げていって、真に平和で調和のとれた世界を目指していくこと、これが私たちの目指すところです。

奉仕のスペシャリストとして、最前線を歩んでいくのです。

おわりに

夏も終わりに近づき、幸運にも涼しくなりかけたころの約一か月で、一気に本書の原稿を書き上げました。書き進めるうちにどんどん深く自分の内側に入っていくことになり、何度も何度も「私は何を伝えたいのだろう?」という自問自答を繰り返しました。

けれども明確な答えを得られずに、ただひたすら書き進めていくことしかできませんでした。それはまるで、あらかじめ決まっている内容を、これかな? あれかな? と思いながら、パズルのピースを当てはめていくかのようでした。

ただ、目には見えないけれども確かにあると感じる、サポートされていること、この本を待ち望まれている人たち、それを支えに書き進めることができました。

それは私に、自分を信じること、見えない存在のサポートを信じること、共に歩んでいくであろう仲間への信頼、これらを試されているような感じがしました。

書きながら、霊的な学びの一つの側面をトレーニングしている感じもしました。一歩一歩階段を上っているような感覚です。

スピリチュアルに関して、まだまだ世の中の多くの方には謎と抵抗が多い世界だと思います。どれが正しくて、どれが間違っているのかと迷われることもあるかもしれません。それは解釈する人の個性や、霊的なレベル、向かう方向性・目的意識によって違いがあるからです。物事には正しいとか間違っているとかはなくて、自分にとっての真実であるかどうかが大切だと思うのです。

それは自分と同じ感覚の人と出会い、共感を覚えたことを信じることで解決していくことができるでしょう。誰かが正しいというから、それが自分にも当てはまるとは限らないのです。そしてそれをすることは同時に、自分への信頼にもつながります。自分の感覚を信じていくなかで出会う物事や、人々と分かち合うことでシンクロが巻き起こり、自分の内面の真実が目覚めていきます。

そういう意味で、この本があなたにとって自分の真実と出会うきっかけになりますように願っています。そんな想いを込めて筆をおくことにします。

最後に、親身になって相談に乗ってくださり、時に励ましてくださった出版社のみなさまには感謝いたします。
そして、いつもそばにいて励ましてくださるかのような読者のみなさまの応援にも、大きな感謝の気持ちを送ります。ありがとうございます。

著者

著者プロフィール

吉野聖子（よしの せいこ）

個人セッション、講座などで多くのファンを持つ。研究テーマが、繊細な女性の生き方と能力開発、新しい時代の子供たちへの対応、複雑な人間関係の対応法、母と子の関係性、人生の質を高める方法など、現代を生きる女性のアドバイザーとして活躍。また高いヒーリング能力には定評がある。

特に「エンパス」と呼ばれる繊細な人と、新しい時代の「インディゴチルドレン」と呼ばれる若者に関して独自の見解、見識を持ち、全国から相談者が訪れている。また、ブログ「マザーヒーリング愛の泉」では人気ブロガーとしても活躍中。

著書に『女神として輝くための８章』（知道出版）がある。

ＨＰ 「マザーヒーリング愛の泉」
http://www.mother-healing.com/
ブログ「マザーヒーリング愛の泉」
http://ameblo.jp/moon-serenade-1101/

繊細《せんさい》で敏感《びんかん》な女神《めがみ》たちへ　あなたがこの人生において報われるために

2015年11月30日　初版第1刷発行
著　者　吉野聖子
発行者　加藤恭三
発行所　知道出版
〒101-0051 東京都千代田区神田神保町 1-40 豊明ビル 2F
TEL 03-5282-3185 FAX 03-5282-3186
http://www.chido.co.jp
印　刷　モリモト印刷

ISBN978-4-88664-276-9